本书得到教育部人文社会科学研究项目
（16YJA720002）的资助

当代西方学术经典译丛

The Dispute between Gadamer and Strauss

伽达默尔与施特劳斯之争

[德] 汉斯－格奥尔格·伽达默尔　[德] 列奥·施特劳斯 著

何卫平 编译

人民出版社

当代西方学术经典译丛

《存在论——实际性的解释学》
[德]海德格尔著，何卫平译

《思的经验（1910-1976）》
[德]海德格尔著，陈春文译

《道德哲学的问题》
[德]T.W.阿多诺著，谢地坤、王彤译

《克尔凯郭尔：审美对象的建构》
[德]T.W.阿多诺著，李理译

《社会的经济》
[德]尼克拉斯·卢曼著，余瑞先、郑伊倩译

《社会的法律》
[德]尼克拉斯·卢曼著，郑伊倩译

《环境与发展——一种社会伦理学考量》
[瑞士]克里斯多夫·司徒博著，邓安庆译

《文本性理论——逻辑与认识论》
[美]乔治·J.E.格雷西亚著，汪信砚、李志译

《知识及其限度》
[英]蒂摩西·威廉姆森著，刘占峰、陈丽译，陈波校

《论智者》
[法]吉尔伯特·罗梅耶-德尔贝著，李成季译，高宣扬校

《德国古典哲学》
[法]贝尔纳·布尔乔亚著，邓刚译，高宣扬校

《美感》
[美]乔治·桑塔耶那著，杨向荣译

《哲学是什么》
[美]C.P.拉格兰、萨拉·海特编，韩东晖译

《美的现实性——艺术作为游戏、象征和节庆》
[德]H.-G.伽达默尔著，郑湧译

《海德格尔的道路》
[德]H.-G.伽达默尔，何卫平译

《论解释——评弗洛伊德》
[法]利科著，汪堂家、李之喆、姚满林译

《为濒危的世界写作》
[美]劳伦斯·布伊尔著，岳友熙译

《文本：本体论地位、同一性、作者和读者》
[美]格雷西亚著，汪信砚、李白鹤译

《伽达默尔与施特劳斯之争》
[德]汉斯-格奥尔格·伽达默尔、[德]列奥·施特劳斯著，何卫平编译

目　录

Contents

编译者导言：
关于伽达默尔与施特劳斯之争

　　伽达默尔一生曾与多个哲学家发生过思想上的争论,其中最有名、人们经常提到并且在当代解释学史上产生过较大影响的有三个,它们分别是:伽达默尔与贝蒂和赫施之争、与哈贝马斯之争以及与德里达之争。这几乎是当下任何一部解释学导论或教科书以及西方解释学史都会提到的。然而,还有一场争论人们往往忽略了,那就伽达默尔与列奥·施特劳斯之争。这场发生于20世纪60年代初的思想交锋是因伽达默尔刚刚出版的《真理与方法》所引起的,但由于这个争论当时主要在私下进行,公开的程度很有限,加上那时两个人的知名度还远没有后来那么大,而且相关的书信也没有发表,论题的背景和脉络不清楚,所以没有像上面提到的伽达默尔与贝蒂、赫施、哈贝马斯和德里达的争论那样引起学术界广泛的注意并掀起波澜。随着施特劳斯去世5年以后,20世纪70年代末(1978年),经伽达默尔同意,他们之间的通信以及一些相关材料被发表出来,这场争论的意义才逐渐浮出水面。虽然已逾半个多世纪,时过境迁,但用今天的眼光来审视,它仍具有重要的学术价值。不过国内学界对这场争论提及不多,关于它的内容一般学者还比较陌生,遑论深入、系统的研究。有感于此,笔者编译了这本书,以期使这个状况有所改变。

　　在一般人眼里,施特劳斯更多以杰出的政治哲学家的身份立足于学林,然而其本人也是一位很重要的解释学家,他的《迫害与写作艺术》算得上当代为数不多颇有创见性的解释学名著之一,与伽达默尔的《真理与方法》各有千秋,当然影响程度有差别。

资料显示,早在 20 世纪 20 年代伽达默尔(1900—2002 年)与施特劳斯(1899—1973 年)就开始交往了,那个时候的他们才 20 岁出头,有着相近的学术背景,例如都出生于德国,都听过新康德派的巨擘那托普以及现象学鼻祖胡塞尔、"秘密哲学王"海德格尔的课,精神上尤其受后者的影响,在接下来的半个世纪里,两人相互关注、相互欣赏,思想交流不断①,都注重将哲学与语文学(尤其是古典语文学)相结合②,思想上具有一种天然的亲近感。不过直接涉及两人这场争论的文献并不多,主要有他们之间围绕《真理与方法》讨论的 3 封通信(施特劳斯两封,伽达默尔一封)以及伽达默尔的长篇论文《解释学与历史主义》,再就是施特劳斯去世后,美国施特劳斯学派成员德·阿尔瓦热兹(De Alvarez)和恩斯特·L.福尔廷(Ernest L.Fortin)对伽达默尔的两个"专访"③。

伽达默尔对施特劳斯的思想是熟悉的,也很关注。我们现在可以看到,他在《真理与方法》中提及或引用过施特劳斯的主要著作《霍布斯的政治哲学》《斯宾诺莎的宗教批判》《迫害与写作艺术》《自然正确与历史》等④。总的来说,他对这位友人的评价还是蛮高的,甚至毫不怀疑,即便施特劳斯后来不到美国,仍在德国,凭他的思想也会建立起一个施特劳斯学派的⑤。在收到施特劳斯的第二封信之后,伽达默尔意识到他们讨论的问题的重要性,所以未直接回复,而是想将这个讨论公

① 参见伽达默尔:《哲学生涯》,陈春文译,商务印书馆 2004 年版,第 42 页。

② 参见让·格朗丹:《伽达默尔传》,黄旺、胡成恩译,上海社会科学院出版社2020 年版,第 130、141—142 页。

③ 参见本书第 104—133 页。

④ 参见伽达默尔:《解释学I:真理与方法》,洪汉鼎译,商务印书馆 2007 年版,第 38、369、401、433 页。

⑤ 参见施特劳斯等:《回归古典政治哲学》,朱雁冰等译,华夏出版社 2006 年版,第 491 页。

开化，于是 1961 年他在自己和 H.库恩共同主编的《哲学评论》（*Philosophiche Rundschau*）第 9 期上首次发表了论文《解释学与历史主义》（*Hermeneutik und Historismus*），如后来伽达默尔所说，该文是在间接地挑战施特劳斯①，并期待着后者的回应，因此，它实际上也可看做伽达默尔致施特劳斯的公开信。后来这篇著名的长文被收入到《真理与方法》第 2 版（1965 年）的附录，以后的新版单行本都如此，而该书最后以批评施特劳斯作结，颇耐人寻味。这三封信，包括最后一封"公开信"都发生在 1961 年，也就是《真理与方法》第 1 版刚刚问世不久。后人将施特劳斯和伽达默尔的三封通信，简称为"关于《真理与方法》的通信"②，因为它们是由施特劳斯对伽达默尔《真理与方法》第 1 版（1960 年）的评论所引起的，内容也是围绕着其中的基本观点展开的。不过我认为，还应加上《解释学与历史主义》才算完整，这样二人的直接交锋就可以视为两个来回。

基于上述想法，下面拟分为两大部分：先分别谈谈这两次争论的具体内容，然后再对争论加以整体的对比与评论。由于这场争论所涉及的问题比较复杂，对于它，我们虽然很难做到马克斯·韦伯所提倡的价值中立那样的客观、公正，但也应尽可能避免研究者本人由于长期基于某个专业方向而形成的一种习惯性的本位主义所带来的消极影响，否则容易一叶障目，不见泰山。

上篇：伽达默尔—施特劳斯思想交锋的基本内容

1. 第一个回合

1961 年，《真理与方法》出版不久，伽达默尔就寄了一本给远在美

---

① 参见施特劳斯等：《回归古典政治哲学》，朱雁冰等译，华夏出版社 2006 年版，第 403、494 页。

② 它们最初发表就冠以这个名称，参见 L.Strauss and H-G.Gadamer，"Correpondence Concerning *Wahrheit und Methode*"，in *The Independent Journal of Philosophy* 2（1978），pp.5-12。

国芝加哥大学执教的施特劳斯,后者初读的反应不久化作了第一封致伽达默尔的信。在这封信里,施特劳斯首先称赞伽达默尔的《真理与方法》是海德格尔之后海德格尔主义者中出版的最重要的著作,他本人从中获益良多,并意识到以前未能意识到的问题,承认这是一本很有分量、需要花大气力来阅读的书。不过施特劳斯在强调由于共同的学术背景使他在一定的程度上能够理解伽达默尔的这部著作的同时,也毫不讳言他们在解释学的方向上的根本不同,甚至相反。施特劳斯将伽达默尔的《真理与方法》视为海德格尔思想的某个方面的"更加学术化的形式"①,因此施特劳斯对海德格尔的基本立场和态度就自然而然地牵移到伽达默尔身上来了。下面我们将会看到,他对伽达默尔的批评在某种程度上如何是对海德格尔批评的延伸。

在第一封信里,施特劳斯首先指出,伽达默尔的解释学追求普遍性是与海德格尔所揭示的"世界之夜"之临近或施宾格勒所谓的"西方的没落"同时而生的,这种普遍化的"生存论"的意义和现代性的灾难性的语境是联系在一起的。这种表述隐含着施特劳斯对现代性的批判,同时也将他所要反对的历史主义联系起来了。伽达默尔所强调的海德格尔的"解释学处境",在施特劳斯看来,应当是"前—历史主义"的处境才正当、合理②。这里的"前—历史主义"指的是"现代的历史主义之前"③的处境。至于他自己眼里的历史主义关注的不是普遍、永恒的东西,而是变异、独特的东西④。施特劳斯对伽达默尔提出的一种普遍的理解的历史意识和普遍的解释学经验的理论表示怀疑,他从自己的经典诠释的切身经验出发,不承认有一般的、普遍的解释学理论,而只

---

① 参见施特劳斯等:《回归古典政治哲学》,朱雁冰等译,华夏出版社 2006 年版,第 404 页。

② 参见施特劳斯等:《回归古典政治哲学》,朱雁冰等译,华夏出版社 2006 年版,第 404 页。

③ 参见施特劳斯等:《回归古典政治哲学》,朱雁冰等译,华夏出版社 2006 年版,第 406 页。

④ 参见列奥·施特劳斯:《自然权利与历史》,彭刚译,三联书店 2003 年版,第 19—20 页。

承认解释带有偶然性或偶缘性。接下来,他列举出伽达默尔书中的五个例子来加以质疑,我们这里只提其中最主要、最基本并带有一般意义的前三条。

一、施特劳斯承认伽达默尔这样的观点:解释者必须要反思到他的处境,对文本的理解就是要将其应用到这种处境中。但这种处境应当是"前—历史主义"的,而不应当是伽达默尔所谓的"视域融合"意义上的"后—历史主义",因为"视域融合"在伽达默尔这里意味着双方视域的扩大,但这种扩大是理解者的扩大,而不是被理解者的扩大。也就是说,对施特劳斯来讲,伽达默尔的效果历史所谓的"视域融合"扩大了双方的视域的讲法并不具有普遍性。以读柏拉图为例,如"我"在解读他的"对话"中所学到的新东西意味着我的视域被扩大了,但如果我对柏拉图的某种修正证明优于他的论述,却不能说是柏拉图本人的视域被扩大了,因为这是有悖于常理的。

二、人的理解不都是完备的,但这并不意味着不能达到完备,至少这种可能性是存在的,而伽达默尔却否认这一点,但施特劳斯认为,这种否认并不能以解释学处境的多样性而得到确证。这里已涉及对相对主义的批判问题。

三、伽达默尔强调理解是生产性的,而非复制性的。但施特劳斯认为,解释者首先应当弄清作者本来的意思,要努力像作者理解他自己那样去理解,在这方面读者并不能做到比作者本人理解他自己理解得更好。理解必须从文本出发去追问作者的意图(authorial intent),只有作者的原意才是唯一正确解释的标准,他反复强调这是解释学的基本原则①。

施特劳斯将以上诸点疑问归咎于伽达默尔的"效果历史",认为"效果历史"将读者或解释者首先引向的不是文本,而是他自己,含有

---

① 参见施特劳斯等:《回归古典政治哲学》,朱雁冰等译,华夏出版社 2006 年版,第 V 页。

"进步"的因素。不过在施特劳斯看来,现代人的理解不一定优于古人,例如黑格尔对古希腊的阿里斯托芬的喜剧《云》的解释就远不及柏拉图在《会饮篇》中对它的解释。因此,施特劳斯认为,"效果历史"乃是伽达默尔不充分的历史反思所致,它反映出伽达默尔的历史主义和进步主义的立场。施特劳斯尤其反感伽达默尔基于历史主义所坚执的"一切价值的相对性"的观点,为此,施特劳斯从逻辑上指出了它的自相矛盾:一切人的认识或理解都是历史的、相对的,因而是有条件的,那么这个论断本身由于是一个全称判断,所以它是非历史的、绝对的、无条件的①。而历史主义要成立的话,它的这个基本原则就必须要能够应用于它自身。

围绕着伽达默尔的"所有人类价值的相对性"这一说法,施特劳斯根据伽达默尔的观点——生存即理解(其实这是海德格尔的观点),认为这种理解当然也包含对美与正义的理解,它不只是对事实的认知,还有价值的判断,这意味着生存必然是在一种特定的风尚、习俗与德性中的生存,它带有传习性和约束性,而这意味着对于生存来说,相对主义的问题不曾出现过。为此他提到了狄尔泰,认为狄尔泰基于历史主义的立场虽然也承认"一切价值的相对性",但他却不断地与相对主义作斗争,捍卫理解的可靠性。言下之意,伽达默尔尚未意识到这一点,所以施特劳斯说,在这一点上,他宁愿赞成狄尔泰,而反对伽达默尔。此外他还提醒伽达默尔,苏格拉底的怀疑,不是要导向相对主义、虚无主义、不可知论的那种怀疑,而是要通过怀疑去接近真理本身,这正是他的对话辩证法——精神接生术——的要旨所在,因为苏格拉底—柏拉图的对话辩证法恰恰也是伽达默尔的解释学所推崇的,所以施特劳斯在这里想提醒他。

最后,施特劳斯还指出,伽达默尔所追求的普遍解释学是立足于历

---

① 参见施特劳斯等:《回归古典政治哲学》,朱雁冰等译,华夏出版社 2006 年版,第 408—409 页。

史处境之中的，在时间上，它体现为一种"绝对的时刻"①，与黑格尔的体系在历史中追求绝对相似，因为依施特劳斯之见，黑格尔所理解的"历史过程是一个合理的、理性的过程，是一个进步"。但在后者的眼里，"存在着历史的顶峰和终结，这样便可以将哲学的真理观念与每个哲人都是其时代之子的事实协调起来；真正的哲学、最终的哲学属于历史中的绝对的时刻，属于历史的顶峰"②。况且伽达默尔谈到了完满的经验，这种"完满"让施特劳斯联想到黑格尔，认为它再次体现了伽达默尔的历史主义的矛盾，重蹈了黑格尔的错误。

针对施特劳斯的上述批评，伽达默尔在第一封回信中指出，他不否认自己的哲学解释学是从一个方面将海德格尔的思想转化为一种学术化的形式，之所以如此，无非是想将一种理论尽可能地表述清楚。当然他对自己这样做是否达到了圆满的结果不敢肯定，但他表示决不放弃这方面的努力。本着这一点，伽达默尔对施特劳斯提出的诸问题做了如下的简略回答。

首先，伽达默尔毫不掩饰海德格尔对他的影响，这体现在他也将"理解"作为一种"发生"或"事件"（Geschehen）来看待③，但他否认自己的出发点是"存在的遗忘状态"，也就是被形容为"世界之夜"的我们这个时代（海德格尔将普遍技术化的时代表征为对"存在的遗忘状态"和"世界之夜的贫乏时代"）。伽达默尔坚持理解者的历史性，反对施特劳斯向"前—历史主义解释学"返回，认为这是不可能的，他只相信理解的"连续性"，也就是古与今、过去与现在的"对话"所达到的那种统一，即"视域融合"的发展，而且这种"视域融合"体现为"效果历史"

---

① 参见施特劳斯等：《回归古典政治哲学》，朱雁冰等译，华夏出版社 2006 年版，第 409 页；另参见列奥·施特劳斯：《自然权利与历史》，彭刚译，三联书店 2003 年版，第 30—31 页。

② 参见施特劳斯：《苏格拉底问题与现代性——施特劳斯讲演与论文集：卷二》，彭磊等译，华夏出版社 2008 年版，第 45 页。

③ 伽达默尔曾想过要用"理解与事件"（"*Verstehen und Geschehen*"）作《真理与方法》的书名（参见 Gadamer，*GW*10，S.75）。

的。伽达默尔说,"历史性的认识只能这样才能被获得,即在任何情况下都必须从过去与现代的连续性中去考察过去"①。而视域融合体现的是一种历史意识,对于伽达默尔来说,也就是效果历史意识,对于已死的柏拉图来说当然不存在这个问题,但对于后来活着的人来讲就存在这个问题,视域融合是历史意识的结果,而历史意识只有在应用中才会有意识(认识)。另外,他还反驳了施特劳斯所谓不存在普遍的理解的理论,只存在"偶然的"解释的说法,认为这种说法本身的意思就是"普遍的",而非"偶然的"②。

至于第二点和第三点,伽达默尔觉得他与施特劳斯没有根本的冲突,但强调,对一个文本的理解,50 年后的人会比今天的人理解得更加清楚、更加深刻,这就说明了理解的生产性,解释学的应用决不是简单的重复和回归作者的本意。另外,伽达默尔认为施特劳斯对他所谓的"完满的经验"有误解,这种完满的经验,并非指经验的终结③,即达到黑格尔的那种"绝对的时刻",相反,它是这种"终结"的对立面。

总起来看,伽达默尔与施特劳斯争论的第一个回合,基本问题被提出来了,这就是与现代性的危机有关的历史主义和相对主义。然而伽达默尔的回答过于简单,不够具体,未能全面、深入地展开相关内容的讨论,而且不无遗漏,例如对施特劳斯向他所坚持的历史主义提出的逻辑上的自相矛盾以及相对主义的问题就没有给予直接、正面的回答。不过,施特劳斯对伽达默尔的一些理解也有不到位的地方,例如,他对伽达默尔的经验的"完满性"的说法的确存在着误解,这一点后者在《真理与方法》中有比较清楚的论述④。

---

① 伽达默尔:《解释学 I:真理与方法》,洪汉鼎译,商务印书馆 2007 年版,第 445 页。

② 参见施特劳斯等:《回归古典政治哲学》,朱雁冰等译,华夏出版社 2006 年版,第 42—413 页。

③ 参见施特劳斯等:《回归古典政治哲学》,朱雁冰等译,华夏出版社 2006 年版,第 414 页。

④ 参见伽达默尔:《解释学 I:真理与方法》,洪汉鼎译,商务印书馆 2007 年版,第 480、483 页。

2. 第二个回合

一个月后,施特劳斯在给伽达默尔的复信(即第二封信)中,就后者未能对新解释学出现的处境——海德格尔表述的"世界之夜"进行反思表示不满,认为这种现代性问题与历史主义以及由此带来的相对主义和虚无主义有关。施特劳斯明确地将伽达默尔的立场表述为"后—历史主义",而将他本人的立场表述为"前—历史主义"。施特劳斯认为,这两者之间在原则上存在着根本的对立和差别。尤其令施特劳斯失望的是,伽达默尔的回信避重就轻,没有回答他所提到的相对主义的问题。

值得注意的是,施特劳斯在这封信的末尾明确地将他与伽达默尔之间的争论定性为"古今之争",在这场争论中,两人立场不同,他们的"解释学观点的区别只是这一根本区别的一个后果"。这里的"古今之争"具体体现为"前—历史主义"和"后—历史主义"之争,或"前—历史主义的解释学"和"后—历史主义的解释学"之争,施特劳斯属于前者,伽达默尔属于后者①。这里的"前—历史主义"和"后—历史主义"未见施特劳斯作明确的界定,不过根据上下文和以经解经的原则,"前—历史主义"显然指的是前现代的作为知识对象的历史尚未出现的、强调事情的自然本性而非历史的那种状况;"后—历史主义"指的是一种相对于近代素朴或天真的历史主义的一种"更先进"、"更复杂的"历史主义,它主要指的是20世纪的那种强调每一代人立足于自身的体验并着眼于自己的未来去重新解释过去的历史主义②。海德格尔是它的最大代表,伽达默尔不出其右。

针对这封信,伽达默尔没有直接回应,而是发表了《解释学与历史主义》作为一种公开的答复。在这篇长文里,伽达默尔对历史主义做

---

① 参见施特劳斯等:《回归古典政治哲学》,朱雁冰等译,华夏出版社2006年版,第419页。

② 参见施特劳斯:《什么是政治哲学》,李世祥等译,华夏出版社2011年版,第50—51、48—49页。

10

了一次全面、彻底的清算,他将施特劳斯纳入作为历史客观主义的历史主义之中,与一系列代表人物——狄尔泰、马克斯·韦伯、贝蒂、科林伍德、罗特哈克为伍,并在这篇长文的最后直接点名批评了施特劳斯。在这里,伽达默尔明确将他自己的历史主义称作是"第二等级的历史主义",而不是施特劳斯所谓的"后—历史主义",它是相对于"历史客观主义"而言的一种新的历史主义,这样看来,"历史客观主义"应当称作"第一等级的历史主义"(虽然未见伽达默尔本人这样讲过),而与之对立的这种"第二等级的历史主义"为海德格尔所奠定,而且还可追溯到胡塞尔的影响,伽达默尔称"胡塞尔证明了主观性的存在方式就是绝对的历史性,亦即时间性,他是这个方面迈出决定性步伐的第一人"①,这里的"主观性"指的是"意识",而非海德格尔意义上的"存在",并遭到后者的批判,但伽达默尔还是强调对海德格尔的《存在与时间》要从海德格尔和胡塞尔的共同点而不是完全对立上来理解,因为这本书是在为此在的历史性作辩护,"而这种历史性乃是从胡塞尔对时间性的原始现象性所作的分析中得出的",它是一个先验的或超越的概念(tranzendentaler Begriff),不过伽达默尔更倚重海德格尔,强调"不存在永恒的真理,真理就是与此在的历史性一起被给予的存在的展开(Erschlossenheit)"。从这里我们可以找到"对历史客观主义的批判由之得到本体论合法证明的基础",但这并不意味着"不存在永恒的东西,凡存在的都是历史的",而是说,"凡永恒或无时间的东西的存在方式,例如上帝或数的存在方式只有从此在那里获得其存在的意义的'基础本体论'出发才能得到正确的规定"②(正如审美的无时间性是建立在有时间性基础之上的③)。显然伽达默尔自己是站在海德格尔

---

① 伽达默尔:《解释学 II:真理与方法》,洪汉鼎译,商务印书馆 2007 年版,第 498 页。

② 伽达默尔:《解释学 II:真理与方法》,洪汉鼎译,商务印书馆 2007 年版,第 498—499 页。译文有改动。

③ 参见伽达默尔:《解释学 I:真理与方法》,洪汉鼎译,商务印书馆 2007 年版,第 171 页。

这一边的。正如施特劳斯将伽达默尔的立场看成历史相对主义,伽达默尔将施特劳斯的立场看成是历史客观主义。伽达默尔主张一种历史相对性以对抗绝对的真理、整全的真理,并认为历史相对性并不是真理的局限,而是真理得以揭示的可能方式,它并不会导致狄尔泰的世界观哲学的那种相对主义的意义①。尽管狄尔泰本人并不主张相对主义,一如伽达默尔并不主张相对主义一样。

在《解释学与历史主义》这篇长文的最后十来页②,伽达默尔从他的角度对两人的争论做了一个更具体的回答。首先,伽达默尔指出,施特劳斯对现代性的历史观的批判做得十分彻底,他重新挑起了产生于17—18世纪的那场著名的"古今之争"(querelle des anciens et des mod-ernes),这场争论最初是由文学问题引起的,最后融入历史意识的讨论,而施特劳斯一生几乎所有著作都和这一争论有关,并且将这一争论彻底化,他要造成现代历史自我意识与古典哲学的对立。针对古今之争在近代以限制古典作品的典范性而告终,施特劳斯反其道而行之,他要进入到现代的历史世界观的对立面,也就是用古典的自然法或自然权利(认为任何人都因其本性和作为人的尊严而拥有不受时效约束的权利)抑或自然正确(即能为人类理性所辨识并得到普遍承认的正确③)来反对今天的历史主义(历史主义本来是在反对自然法抑或自然正确的过程中建立起来的④)。依施特劳斯之见,彻底的历史主义是不可能正确的,因为它包含相对主义和虚无主义的幽灵。对此伽达默尔一针见血地指出,施特劳斯本人也免不了现代历史意识的影响,他对近代以来的历史主义的批判同样带有历史性,是历史地提出来的,而且受

---

① 参见伽达默尔:《解释学 II:真理与方法》,洪汉鼎译,商务印书馆 2007 年版,第 498—499 页。

② 参见伽达默尔:《解释学 II:真理与方法》,洪汉鼎译,商务印书馆 2007 年版,第 502—514 页。

③ 参见列奥·施特劳斯:《自然权利与历史》,彭刚译,三联书店 2003 年版,第 10 页。

④ 参见列奥·施特劳斯:《自然权利与历史》,彭刚译,三联书店 2003 年版,第 14 页。

到启蒙思想的影响,根本做不到"纯洁"地代表古典哲学的权利①。这个批评,应当说是有力、有据的。

接下来,伽达默尔回答了和施特劳斯争论的第一个回合没有直接触碰的关键问题:历史主义原则如何用于自身而不自相矛盾,即保持它的一致性的问题,而这被看做施特劳斯反驳历史主义的有力论据。面对这一论据,伽达默尔是这样来化解的:他说,"一切认识都有历史条件性"和"这种认识是无条件地有效"这两个命题并不处于同一个层面上,因为这个命题并非说,人们将认为它是永真的",而是说,它"曾经总是真的"②。

伽达默尔并不否认施特劳斯对历史主义的批判有其合理的一面,这种历史主义认为过去只有借助现代才能真正被揭示出来,例如浪漫主义解释学传统——从施莱尔马赫到狄尔泰那里——都强调理想的理解是比作者理解他自己理解得更好的理解,而这恰恰也是启蒙运动理想的一种表述,伽达默尔对此的态度很明确:这种将"现代的优势观点应用于一切过去身上并不是历史思维的本质",而是一种现代启蒙主义的乌托邦,一种幼稚或天真的历史主义。可见这种历史主义是伽达默尔与施特劳斯共同批评的对象。伽达默尔强调历史的理解是没有任何特权的,无论是"今天"的解释还是"明天"的解释,并不存在"现代"相对于"过去"的优越性,历史思维的本质根本没有"现代",有的只是不断变化的未来和过去的视域,"它本身就是不断被变换着的视域所包围并与它一起运动"③。从这里我们可以看到,伽达默尔本人始终强调,必须将比作者理解得更好的解释学原则同启蒙主义的理想区别开来④,也就是

① 参见伽达默尔:《解释学 II:真理与方法》,洪汉鼎译,商务印书馆 2007 年版,第 503 页。

② 伽达默尔:《解释学 II:真理与方法》,洪汉鼎译,商务印书馆 2007 年版,第 503—504 页。

③ 伽达默尔:《解释学 II:真理与方法》,洪汉鼎译,商务印书馆 2007 年版,第 504—505 页。

④ 参见伽达默尔:《解释学 II:真理与方法》,洪汉鼎译,商务印书馆 2007 年版,第 506 页;另参见伽达默尔:《解释学 I:真理与方法》,洪汉鼎译,商务印书馆 2007 年版,第 403 页。

说,伽达默尔不否认这个原则的有效性,但反对将其纳入启蒙运动的脉络下来理解,这里包含着伽达默尔本人对启蒙的反思和批判。

但伽达默尔也不承认施特劳斯强调回到作者原意,像作者理解他自己那样去理解的要求是合理的,因为它低估了理解的难度,例如一个人说了某句话,不一定自己就理解了这句话,就清楚这句话的意思,如何要求我们也像他理解他自己那样去理解?况且施特劳斯捍卫客观地去理解文本的根据是作者只以一种方式理解自己,前提是他并不混乱。对这一点伽达默尔深表怀疑,认为它带有独断性:你如何知道这一点?而且如果这样的话,施特劳斯就同样是在捍卫一种启蒙的理想。

相对于施特劳斯,伽达默尔有一种彻底的现象学立场,在他眼里,我们并不能现实地把握作者的意图,这是一种心理主义在作祟,它与现象学的观点不容。当我们在阅读文本时,向我们显现的是作为一个"事件"("Geschehen"/"Ereignis")发生的文本的意义(真理),阅读是与它们蕴含的真理的可能性的相遇。这种相遇是否与作者的意图一致或相符无关紧要①。这与海德格尔的观点是一致的,后者的工作哲学就是现象学的解释学或解释学的现象学,他对前人的解释(例如,对荷尔德林、格奥尔格诗的解释、对梵高"一双农鞋"的解释)很难说和作者本来的意图联系在一起。伽达默尔讲过一段非常深刻的话:

> 通过文字固定下来的东西已经同它的起源和原作者的关联相脱离,并向新的关系积极地开放。像作者的意见或原来读者的理解这样的规范概念实际上只代表一种空位(eine leere Stelle),而这种空位需要不断地由具体理解场合所填补②。

这段话通向以德里达为代表的后现代主义解释学,只是没有它表

---

① 参见拉米:《施特劳斯与伽达默尔之争》,黄晶译,载刘小枫、陈少明主编:《雅典民主的谐剧》,2008 年,第 311 页。

② 伽达默尔:《解释学 I:真理与方法》,洪汉鼎译,商务印书馆 2007 年版,第 534 页。

现出来的那样激进。

　　尽管不主张现代理解的绝对优越性是伽达默尔与施特劳斯的共同立场,但施特劳斯不这样想,他认为他与伽达默尔是对立的,处于古今之争不同的两极,他站在"古代"一边,而伽达默尔站在"现代"一边。对此伽达默尔并不同意,认为,解释学的问题并不是从现代历史主义的立场才提出来的,而且哪怕是古典思想家对前人的理解也不是将其完全作为"他者"来看待的,而是纳入同时代的思想来讨论的。这就是伽达默尔所讲的理解的"同时性"或"视域融合",而此处的"融合"与将现代的"偏见"强加于古人、"同化"古人的思想——强经就我——不是一回事。但伽达默尔突出了这一点:赞同古代在今天意味着它的辩护者并非用古人的眼光来看事物、想问题,而是用今天人的眼光来看事物和想问题①。伽达默尔还以他自己早期受海德格尔的影响,从亚里士多德的伦理学中"看出了"某种解释学的意义为例,认为这决不是对亚里士多德思想的误用②,而是一种生产性的开显。

　　虽然伽达默尔不反对施特劳斯将他们两人的争论归结为一种古今之争,但不承认这是施特劳斯所理解的那样一种"古今之争",即施特劳斯站在古代的立场上,伽达默尔站在现代的立场上所产生的"前—历史主义"和"后—历史主义"之争,而认为就是一场历史主义之争,亦即第一等级的历史主义和第二等级的历史主义之争,这或许是他的那封"公开信"被命名为"解释学与历史主义"的用意所在。

　　最后,伽达默尔还肯定了施特劳斯对隐微写作或隐微教诲的重新发现是对解释学的重要贡献③,它具有解释学的纯方法论的性质。而

---

　　①　伽达默尔:《解释学Ⅱ:真理与方法》,洪汉鼎译,商务印书馆 2007 年版,第508、361 页。

　　②　参见伽达默尔:《解释学Ⅱ:真理与方法》,洪汉鼎译,商务印书馆 2007 年版,第 512 页。

　　③　参见伽达默尔:《解释学Ⅱ:真理与方法》,洪汉鼎译,商务印书馆 2007 年版,第 510 页;另参见施特劳斯等:《回归古典政治哲学》,朱雁冰等译,华夏出版社 2006年版,第 492 页。

"隐微写作"与"显白写作"既有区别又有联系，因为在施特劳斯看来，任何写作的最终目的都是"显白"——让人懂。所以从这个角度讲"隐微写作"也是一种"显白写作"①，因为隐秘并不等于完全的隐藏，而只是一种掩饰，是文本作者面对社会的世俗意见和强权迫害时出于一种自保而做出的有意掩盖，它属于一种"高贵的谎言"，需要读者细心体察和下功夫去领会，否则文本的真正意义就会与他失之交臂（例如，在斯大林专制时代的苏联著名文艺理论家巴赫金的写作就是这方面的典型）。施特劳斯的隐微教诲或隐微写作包含着一种"隐微解释学"，它和追随经典作者的原意联系在一起，由此，施特劳斯得出这样的结论：文本可以有一确定的意义，但并不只有一种意义。这对解释学的理解具有重要的价值。表面上看，隐微写作或教诲体现为一种修辞手段，但又不是常规修辞学所能理解的，必须将人的政治存在因素考虑进来，才有可能正确地把握作者的原意或文本的意义。

基于此，施特劳斯非常注意经典作者的阅读方式和写作方式，并将这种方式和他的解释学原则联系起来，主张古人怎么写我们就怎么读，"写"决定了"读"。"读"的方式要考虑到"写"的方式。施特劳斯提倡死扣、紧盯经典原著，注意字里行间的微言大义，抓住文本中部分与整体的不协调或自相矛盾之处，去还原作者的本来意图，在这里要求区分文本的表面意义和深层意义、正统意义和异端意义，不能简单地将这种不协调或自相矛盾看成是文本的缺陷或作者的幼稚，而是要和一种政治的存在联系起来。在这里施特劳斯强调消除偏见，去寻求与作者一样的理解。不过，虽然伽达默尔肯定了施特劳斯对隐微写作揭示的功劳，但却认为迫害只是特定历史条件的产物，如在专制主义或极权主义的统治下最为典型，然而随着自由民主制

---

① 参见施特劳斯：《迫害与写作艺术》，刘锋译，华夏出版社2012年版，第200、197页。

度的建立和完善它会逐步削弱乃至消失,因此隐微解释学在方法上并不具有普遍性①。

　　总的来看,伽达默尔与施特劳斯争论的第二个回合由于伽达默尔的长文《解释学与历史主义》的发表而被细化了,他们都将注意力聚焦到了古今之争、历史主义以及与之相关的相对主义和虚无主义上,从而触及了解释学的根本问题。遗憾的是,这场争论没能进行到底,两轮过后便戛然而止,言犹未尽,让人感觉到"剃头的挑子一头热":伽达默尔有意争下去,而施特劳斯却很冷淡,没有进一步回应②。至于为什么,施特劳斯没有说,可能另有隐情。不过,伽达默尔与施特劳斯的争论虽然只进行了两个回合,但所包含的意义在今天看来却十分重大和深远。就其内容而言,它涉及解释学与古今之争、解释学与历史主义的关系,其中包含对现代性的批判以及超越相对主义与虚无主义等重要问题,这些问题都是相贯通的,同时也是很复杂的,因此,仅仅局限于上面提到的几封信的内容显然是不够的,我们只有将这场争论纳入一个更大的理论背景和脉络中,才有可能真正把握它的实质及重要意义,并对之做出比较公正、合理的评价,并推动我们进一步探讨其中的奥秘。

下篇:沿着这场争论的理论背景、思想脉络的对比及评论

　　上述伽达默尔与施特劳斯的争论,内容丰富,背景复杂,他们的分歧主要围绕着现代性的批判、古今之争、历史主义、相对主义和虚无主义这几个方面进行的。而这些方面彼此交织,无法截然分开。它的缘起是古今之争,古今之争关系到现代性的批判,而现代性的批判的核心是历史主义,现代性的危机与之分不开,因为它会导致相对主义和虚无主

---

　　①　参见伽达默尔:《解释学Ⅱ:真理与方法》,洪汉鼎译,商务印书馆2007年版,第510页。

　　②　参见施特劳斯等:《回归古典政治哲学》,朱雁冰等译,华夏出版社2006年版,第419页,注①。伽达默尔同德里达争论也是如此,德里达似以沉默来避免落入所谓伽达默尔的辩证陷阱,倒是后来的研究者们做了许多解释性的工作。

义。这大体上是施特劳斯的基本思路,下面我们将沿着这一思路在更大范围内展开他与伽达默尔思想的对比和分析,以期深化对这场争论意义的认识。

伽达默尔与施特劳斯的思想交锋首先涉及"古今之争"。前面提到,施特劳斯最重要的贡献之一就是在当代重新挑起了这场争论,本来这个问题早已告一个段落,在他之前,随着现代性的确立,人们多以为这个问题已得到了解决。正是施特劳斯重新揭示了这个问题的复杂性,从而再次引起了人们对它的广泛关注,包括伽达默尔本人。施特劳斯将他与伽达默尔之争看成是一种古今之争,并同历史主义的批判联系起来,这个定位不无道理,两人的争执的确是沿着这个方向展开的。伽达默尔晚年说,他对"古今之争"的问题思考了几十年①,显然和施特劳斯的影响和推动是分不开的。

施特劳斯对于现代性的批判主要是由"古今之争"所激发的,解释学和这个问题关系密切。他认为,现代性作为一场持续运动起始于17、18 世纪的"古今之争",表面上看这场争论以现代性的胜利而告终,但实际上并非如此,现代文明的危机或现代性的危机是由现代性本身的问题所造成的,所以时至今日现代性的正当性仍遭质疑。现代性以对古典性的反叛的面目出现,这种反叛体现在要用"进步"、"新"和"历史性"代替古代所推崇的"正确"、"好"和"自然法",在现代的"进步"、"新"和"历史性"连成了一体,与古代的"正确"、"好"和"自然法"所连成的另一体形成了鲜明的对立,其发展愈来愈暴露出相对主义、虚无主义的本质。现代性的危机实质上是一场哲学危机,现代人为了迎合历史放弃了自然,其后果导致了哲学与历史的结合,实际上是取消了真正的哲学②(这让我们想起了胡塞尔的告诫:"我们切不可为了时代而放

---

① 参见伽达默尔:《解释学 II:真理与方法》,洪汉鼎译,商务印书馆 2007 年版,第 360—361 页。

② 施特劳斯眼里的真正哲学是严格和古典意义上的对永恒秩序和原因的追求,这种秩序和原因具有不可改变性,历史在其中发生,但它们不受历史的影响。参见刘小枫选编:《施特劳斯与古今之争》,华夏出版社 2010 年版,第 81 页。

弃永恒"①），从而产生了形形色色虚幻的伪哲学，一切都在历史的变化之中，思想缺乏定力，致使现代人愈来愈陷入虚无主义的无底深渊不能自拔，这种相对主义、虚无主义的根子在历史主义，施特劳斯确认，"历史主义的顶峰就是虚无主义。"②的确，如果追溯到思想深处，不难发现，现代性的主要特征就是历史主义，现代性的根本危机体现为虚无主义的到来，其他都是连带的、派生的。施特劳斯用"第二洞穴"来表征现代性，这个洞穴是由历史主义所赋予的，历史主义强调人是历史的产物，不能摆脱时代的制约，这意味着人不能走出自己的"洞穴"③。

在施特劳斯眼里，海德格尔代表着一种彻底的历史主义，也就是一种彻底的虚无主义。它集中体现在海德格尔《存在与时间》的主题、甚至标题中，此处的存在与时间被联系在一起（这与古典哲学中将存在与永恒——无时间性——联系在一起形成鲜明的对照），存在只是在时间中和历史中得到领会和把握的，海德格尔前期强调，"唯当此在存在（ist），……才'有'（es gibt）'存在（Sein）"、"唯当此在在，真理才在"④，他后期对前期的这一思想作了重新解释：上文中的"es gibt"不可理解为法文的"il y a"，或英文的"there be"，"gibt"是"给出"的意思，"es"指的是"存在本身"⑤（后来用"Erneignis"来替代它），从而突出了思想对"命运"的依赖。至于具有时间性和历史性的此在在各种不同的时刻中所领会和把握的存在是否有好坏对错根本没有涉及，这样海德格尔的哲学就没有为政治哲学留下任何空间⑥，尽管在一般人眼里

---

① 胡塞尔：《哲学作为严格的科学》，倪梁康译，商务印书馆1999年版，第64页。

② 列奥·施特劳斯：《自然权利与历史》，彭刚译，三联书店2003年版，第19页。

③ 参见丹尼尔·康格维：《列奥·施特劳斯思想传记》，林国荣译，吉林出版集团有限责任公司2011年版，第11—12页。

④ 海德格尔：《存在与时间》（修订本），陈嘉映、王庆节译，三联书店2000年版，第244、264页，译文有改动。

⑤ 参见海德格尔：《路标》，孙周兴译，商务印书馆2000年版，第388、393—394页。

⑥ 参见甘阳：《政治哲人施特劳斯：古典保守主义政治哲学的复兴》，载列奥·施特劳斯：《自然权利与历史》，彭刚译，三联书店2003年版，第4、14—15页。

政治哲学只是哲学的一个分支。因此，施特劳斯欲通过古典政治哲学的回归来达到对整个现代哲学的拯救。由于他将历史主义看成是我们的时代精神，而现代哲学从根本讲是历史主义的（或"后—历史主义的"——历史主义之后的，相对于"前—历史主义的"——历史主义之前的），所以，对他而言，对历史主义的批判也就是对现代哲学的批判。为达此目的，施特劳斯走的是一条重建古典自然主义的道路，也就是古典理性主义的道路（它不同于现代理性主义之处在于后者与"历史性"、与"历史主义"结合起来了）①，其具体操作就是倡导读前现代的古典文本，消除现代性所形成的"历史"或"历史主义"的障碍，以恢复哲学的自然追求：从"洞穴"走到"光天化日"之下，从整体的意见走向整体的知识，用自然的理解代替历史的理解，这构成了他的解释学思想的重要理论背景。

对于古今之争，伽达默尔又是一个什么态度呢？虽然他肯定了施特劳斯的贡献，但又表明其与之理解上有所不同，这个不同主要是：在什么程度上，在现代继续着17世纪著名的古今之争？我们能否与古人一起反对现代人？伽达默尔的观点是，这个争论是必要的，因为它挑战现代性，逼着它给出自身的根据。不过，伽达默尔试图要使施特劳斯相信，虽然古代的柏拉图和亚里士多德的思想可以优越于今天的我们，但它们不可能在今天被恢复，虽然对于他们的挑战我们必须要认真对待，但我们只能通过自己的解释来达到他们的思想②。也就是说，我们只能立足于我们的历史性去理解古人。

伽达默尔有一段话表明了他对"古今之争"总的态度，他说：不能笼统地将新解释学看成是现代主义的错误。解释学真正反思的任务在于超越"古今之争"所发生的对立：既不坚持现代进步的信念，也不坚

---

① 参见施特劳斯：《什么是政治哲学》，李世祥等译，华夏出版社2011年版，第48—49、50页。

② 参见施特劳斯等：《回归古典政治哲学》，朱雁冰、何鸿藻译，华夏出版社2006年版，第487—488页。

持以模仿古代为满足,既反对近代以来的自我意识优先性的观念,又要反对可以撇开古代以后的观念如基督教和现代科学的观念回到古代的思想。要正确地理解古人,"并不意味着回到古代或是模仿古人"①。同时,伽达默尔又力图避免另一个极端,宣称今天的我们应当严肃认真地对待古典作品,而不应当具有盲目的优越感②,所以在这一点上,伽达默尔与施特劳斯又有共同之处。伽达默尔举了一个例子:如"友谊"在古希腊伦理学中具有重要的地位,它在亚里士多德《尼各马可伦理学》中占据两卷(第8卷、第9卷),而在康德那里却微不足道,只有区区一页的篇幅③,它表明"友谊"在近代以来的伦理学中未受到重视,而现在看来却十分重要。这恰恰说明了理解并非一定"今胜昔"(虽然我们也不能笼统地说"今不如昔"),这要求人们要平等地看待古今,而不应有偏向,带偏向的古今之争是不可能有胜负输赢的,真正的历史主义应当考虑到古今之间的关系,考虑到它们之间的连续性,这是伽达默尔一再表明的观点和立场。

其实,伽达默尔提出的效果历史原则就包含有对那场著名的"古今之争"的调解,它体现了一种对历史意识的反思,根据这种反思,古今之争中所反映出的古代和现代之间的对立不再是绝对的,也就是说,"古今之争不再是一个真正的非此即彼的选择问题"④。不难看出,伽达默尔的这种态度明显地有黑格尔的影子,而且他说过,近代的古今之争,"在黑格尔哲学中获得了划时代的解决",因为黑格尔既不是简单地否定古代的哲学,也没有只是肯定,而是从辩证法的角度来考虑古今

---

① 伽达默尔:《解释学 II:真理与方法》,洪汉鼎译,商务印书馆 2007 年版,第 362 页。

② 参见伽达默尔:《柏拉图—亚里士多德哲学中善的理念》序言,何卫平译,载严平主编:《伽达默尔集》,上海远东出版社 1997 年版,第 597 页。

③ 参见施特劳斯等:《回归古典政治哲学》,朱雁冰等译,华夏出版社 2006 年版,第 492—493、496—497 页;另参见康德:《道德形而上学》第 47 节,载李秋零主编:《康德著作全集》,第 6 卷,中国人民大学出版社 2007 年版,第 483—484 页。

④ 伽达默尔:《解释学 II:真理与方法》,洪汉鼎译,商务印书馆 2007 年版,第 539 页。

之间的关系①,这对伽达默尔深有启发,它在相当大的程度上决定了伽达默尔的解释学立场。伽达默尔的效果历史原则表明,真理与此在的展开有关,它是动态的,而不是静态的,因而体现为历史性和相对性,但又不是相对主义和虚无主义的。此外,哲学解释学属于人的理解的现象学,它不关心超越人的理解的事情,因为谈论这类实在是没有任何意义②。伽达默尔强调历史的实在与历史理解的实在的统一③就有这个意思在里头。可见,伽达默尔的效果历史原则或效果历史意识既立足于辩证法,又立足于现象学,它包含从这两个方面来应对古今之争所引发出来的问题。

古今之争同历史意识的形成有关④,并引出后来的历史主义的问题。而在对待历史主义的态度上,伽达默尔与施特劳斯存在着分歧,他并没有一般地去反对历史主义,而是反对古典历史主义,主要是历史客观主义,而倡导一种新型的历史主义,即一种从海德格尔一直到他本人那里的所谓的"第二等级的历史主义"⑤,这种历史主义不仅强调一切理解的相对性,而且强调理解者本人的历史性(它基于此在的时间性),并且不将这种历史性看成是理解的局限,而是看成是一切理解得以可能的条件,因而具有某种先验性⑥。至于施特劳斯眼里的历史主义则是指这样一种观点:一切思想都是历史性的,不存在任何永恒的观点。施特劳斯对这种历史主义基本上采取否定的态度,将其看成是唯

① 参见伽达默尔:《伽达默尔论黑格尔》,张志伟译,光明日报出版社 1992 年版,第 5、6—7 页。

② 参见 Matthew Foster, *Gadamer and Practical Philosophy*, Scholars Press, Atlanta, 1991, p.117。

③ 参见伽达默尔:《解释学 I:真理与方法》,洪汉鼎译,商务印书馆 2007 年版,第 407 页。

④ 参见 Gadamer, *On Education*, *Poetry*, *and History*: *Applied Hermeneutics*, ed.by Dieter Migeld and Greme Nicholson, State University of New York, 1992, p.126。

⑤ 参见伽达默尔:《解释学 II:真理与方法》,洪汉鼎译,商务印书馆 2007 年版,第 498 页。

⑥ 伽达默尔:《解释学 II:真理与方法》,洪汉鼎译,商务印书馆 2007 年版,第 499 页。

心主义①,并用柏拉图的"洞穴"(在这里等于人历史的生存处境)来比喻它。但在伽达默尔眼里,施特劳斯实际上仍停留在古典历史主义之内,而决不是什么非历史主义的。言下之意,对他们来讲,不是要不要历史主义的问题,而是要什么样的历史主义的问题。因此,在这个意义上,伽达默尔反对施特劳斯将他们之间的争论归结为一种"古今之争",而认为是一种"历史主义之争",因为任何理解和解释(无论是在前—历史主义阶段,还是在后-历史主义阶段)都有一个体现"视域融合"的"应用结构"②,即必须将文本的理解应用于理解者当下的解释学处境,亦即历史性的处境。它既体现为一种"自我的理解",又体现为一种"事情的理解",二者可以达到一致,这样,它既超越客观主义,又超越相对主义。

为了反对历史主义,否定即成的历史哲学,施特劳斯走向了古典的政治哲学。他坚持政治哲学不仅仅是哲学,而且是第一哲学,换言之,政治哲学是其他哲学分枝的基础,因为相对其他领域政治居于首要的地位③。其实伽达默尔也有类似的表达,在他眼里,实践哲学的皈依应当是政治学,甚至一切学科的皈依都应当是政治学④。伽达默尔始终将实践哲学作为解释学的核心,这一点到了晚年更加明确化了。虽然他属于海德格尔派,但与海德格尔、尤其是后期海德格尔所走的道路并不完全一样,反而与施特劳斯有相近之处。伽达默尔的哲学是一种解释学的实践哲学,它同善(good)的实践或好的实践相联系。这里的"善"或"好"在古代就包含一种目的论的或价值的判断,它不允许模棱两

---

① 参见施特劳斯等:《回归古典政治哲学》,朱雁冰等译,华夏出版社2006年版,第332页。

② 伽达默尔:《解释学Ⅱ:真理与方法》,洪汉鼎译,商务印书馆2007年版,第508页。

③ 参见斯密什:《阅读施特劳斯》,高艳芳等译,华夏出版社2012年版,第244页。

④ 参见拙文:《走向政治解释学——伽达默尔后期思想的世界主义眼光》,载《广东社会科学》2012年第4期。

可、似是而非,古人要追问什么是善,什么是正义,要给出明确的定义。而伽达默尔坚持的实践哲学倾向于古典意义的伦理学与政治学(亚里士多德),它包含有超越客观主义和相对主义的因素。如果伽达默尔秉持解释学就是实践哲学的观点,那么不仅客观主义,而且怀疑主义、相对主义和虚无主义对于他来讲都是不可能的,至少他以自己的方式在抵制这三种主义。

然而,在施特劳斯眼里,这种抵制是无效的,它对善的实践或好的实践的理解并不能提供具体的帮助和实质性的指导,究其原因在于它固守现代的历史主义,而历史主义否定普遍和绝对的真理、绝对的价值,认为一切都受历史条件的制约,取决于环境或上下文(context),也就是我们过去经常讲的,一切因时、因地为转移,哲学解释学所谓的视域无非是特定社会和历史的,它基于此在的时间性和历史性,这就势必埋下了相对主义的"种子"。而哲学上的相对主义必然导致实践上的虚无主义①,因为"善"(好)与道德和政治的实践分不开,它和人的实际生活悠关,这与理论的务虚不同,来不得半点相对主义和虚无主义,否则就会直接破坏人的实际生活,危及人的生存在世。而什么是善,什么是好,这是古典政治哲学——以苏格拉底、柏拉图、亚里士多德为代表——所要追问和辩明的(对此只要读一读堪称柏拉图思想之大全的《理想国》便不难看出),这也是他们当时都反对智者派基于感觉的诡辩论,而走向理性主义、辩证法的根本原因。施特劳斯明确地讲,诸如正义之类的问题,虽然在历史上争论不休,被弄得模糊不清,人们提出了各种各样的观点、看法,变化不定,但不可否认"它们仍在一切历史的变迁中保持着同一性"②。也就是说,即便哲学不可能给出最后的答案,在原则上也是可以接近这种答案的,因此政治哲学的多样性和矛盾性并不意味着不能进行好坏、对错、是非的判断和选择,人们在实际生

---

① 参见 Matthew Foster,*Gadamer and Practical Philosophy*,Scholars Press,Atlanta,1991,p.91。

② 列奥·施特劳斯:《自然权利与历史》,彭刚译,三联书店 2003 年版,第 34 页。

活中就是这样做的,这里根本不存在相对主义的问题①,这正体现了古代理性主义和辩证法所追求的那个方向,它不可能是相对主义和虚无主义的。因此,在施特劳斯眼里,伽达默尔的哲学解释学所宣扬的那种历史性在理论上是错误的,在实践上是有害的②。

其实,对此伽达默尔并非没有意识,他反复谈过,精神科学与历史性分不开,精神科学所构造的历史意义带来了标准的不确定性和可变性,造成了人们适应可变标准的习惯,这导致了历史主义的产生,而历史主义历来都是双重性的,或者说是一把双刃剑。尼采在他著名的《不合时宜的思想》第二部分"历史的用途与滥用"中就提到过,历史学对我们的生活既有利也有弊,有利之处在于人开始用一种发展、变化而非固定、僵化的眼光看待一切;有弊之处在于它挑战绝对的价值和标准,容易流于相对主义,最终导致虚无主义③。

不过伽达默尔从现象学的立场出发提出的效果历史原则主要针对的是传统历史主义,即历史客观主义,也包括相对主义和虚无主义。伽达默尔说,"历史客观主义由于依据于其批判方法,因而把历史意识本身就包容在效果历史之中这一点掩盖掉了。历史客观主义虽然通过其批判方法从根本上消除了与过去实际接触的任意性和随意性,但是它却以此安然自得地否认了那些支配它自身理解的并非任意的根本性前提,因而就未能达到真理,实际上尽管我们的理解有限,这种真理仍然是可以达到的"④。伽达默尔如是说表达了对真理的承认。另外,他并

---

① 参见"Correspondence Concerning *Wahrheit und Methode*——Leo Strauss and Hans-Georg Gadamer"(《关于〈真理与方法〉的通信——列奥·施特劳斯与伽达默尔》),载 *The Independent Journal of Philosophy*(《独立哲学杂志》)第 2 卷,1978 年,第 7 页。

② 参见 Matthew Foster, *Gadamer and Practical Philosophy*, Scholars Press, Atlanta, 1991, pp.79-82, 91。

③ 参见伽达默尔:《解释学 II:真理与方法》,洪汉鼎译,商务印书馆 2007 年版,第 45 页。

④ 伽达默尔:《解释学 I:真理与方法》,洪汉鼎译,商务印书馆 2007 年版,第 409 页。

没有否定"多样"中的"同一",相反,他从肯定这种"同一"出发,旗帜鲜明地反对"解释学的虚无主义"(hermeneutischer Nihilismus/hermeneutic nihilism)①,这一点在《真理与方法》第 1 部分"艺术真理问题的重新提出"那一节中有详细的阐述。

施特劳斯批评历史主义没有勇气承认存在着绝对、普遍的价值和真理,在绝对的相对和相对的绝对中,选择前者,而无视后者,这样做的结果导致历史主义在逻辑上陷入两难:它的立场突出绝对的相对,而它的表述却包含相对的绝对。面对这一指责,文本上篇提到伽达默尔在"公开信"中是这样来辩解的:"一切认识都有历史条件性"和"这种认识是无条件地有效"这两个命题并不处于同一个层面上,因为这个命题并非说,人们将认为它是永真的",而是说,它"曾经总是真的"②。如果说这段话过于简短、欠明确的话,那么伽达默尔《真理与方法》第三部分有一段话可以看成是对它的展开,也可看成是对施特劳斯更加具体的反驳:

　　即使我们作为具有历史意识的学者很清楚人类对世界之思考的历史条件性以及自己的条件性,那我们也并未由此而达到了一种无条件的立场。如果说接受条件性这件事本身是绝对而无条件地真的,从而把它运用于自己身上不能没有矛盾,那这也决不是对接受这种彻底条件性的反驳。对条件性的意识本身决不会扬弃条件性。这正是反思哲学的一种偏见,它们把根本不在同一逻辑层次上的东西理解成命题的关系。因此,反思哲学的论据在这里是不适合的,因为这里涉及的根本不是无矛盾地保持判断关系,而是

　　① 　参见伽达默尔:《解释学 I:真理与方法》,洪汉鼎译,商务印书馆 2007 年版,第 134—136 页;另参见 *Gadamer*, ed. by Robert J. Dostal, Cambridge Universty Press, 2002,p.42。

　　② 　伽达默尔:《解释学 II:真理与方法》,洪汉鼎译,商务印书馆 2007 年版,第503—504 页。

涉及到生活关系①。
·······

这段话中的"反思哲学"不是泛指，而是特指，它与《真理与方法》第二部"反思哲学的界限"那一节联系到黑格尔批评的"外在反思"而提到的反思论证的形式主义有关，伽达默尔认为这种"外在反思"只有外表的合法性，但它事实上并没有告诉我们什么，其具体表达是这样的：

> 尽管我们能够很清楚地论证每一种相对主义的内在矛盾性——但是正如海德格尔所说的，所有这些得胜的论证本身……似乎是有说服力的，但它们仍抓不住关键的东西。虽然在使用它们时，我们可能被证明是正确的，但是它们本身并未表现出任何富有价值的卓识洞见。说怀疑论或相对主义的论点一方面要求是真的，另一方面又反驳自己这种要求，这虽然是一个不可反驳的论证，但这究竟有什么成果呢？以这种方式被证明得胜的反思论证其实又回到了论证者，因为它使得我们对一切反思的真理价值产生怀疑。这里受到打击的不是怀疑论或取消一切真理的相对论的实在性，而是一般形式论证的真理要求。
>
> 就此而言，这种反思论证的形式主义只在外表上具有哲学的合法性，事实上它并没有告诉我们什么②。

这段话同样表达了他对所谓"历史性的自相矛盾"的反批评，可以

---

① 伽达默尔：《解释学 I：真理与方法》，洪汉鼎译，商务印书馆 2007 年版，第 605 页（着重号为引者所加）。在这段话下面的注释中，伽达默尔又进一步引用阿佩尔的话来支持自己的观点，他说："阿佩尔正确地指出，人们关于自身的谈话根本不能被理解成是对这样一种存在（Sosein）进行对象性确定的论断，因此，通过指出某种陈述的逻辑自身相关性和它的矛盾性从而驳斥这种陈述乃是毫无意义的。"

② 伽达默尔：《解释学 I：真理与方法》，洪汉鼎译，商务印书馆 2007 年版，第467—468 页。

看做是对上一段话的更进一步的重要补充。联系该段的上下文,我们可以看到,伽达默尔通过谈反思哲学的辩证优越性在什么范围内符合事实的真理,在什么范围内只产生一种形式现象,引申出对"空洞的形式论证"、"外在的反思"的批判。他通过指出黑格尔的辩证法与古代柏拉图辩证法①的联系以及它们和诡辩论的对立明确提出了一个重要观点,那就是:"一个命题的形式上的矛盾性并不必然排除它的真理性。"②这是一个十分关键的思想,对此伽达默尔还给出过一个很好的例子来说明:如在哥白尼革命之后,人们还是照样说太阳东升西落,这与科学的表述是相矛盾的,但这并不能取消它在我们日常生活中的合理性、真理性,因为它和我们素朴的直观经验并不冲突,并有利于我们的生活,当然这种表达并不排斥科学的讲法,然而科学只是代表了我们人对世界的一种看法或一种定向的认识,而不能代表全部,与科学相矛盾的表述并不一定都是错误的、不具真理性③,如艺术作品中的虚构——这让我们联想到亚里士多德所说的"诗"比"历史"更具哲学的意味(对此可以"红学"中的索引派对《红楼梦》的研究有其弊端为例)、海德格尔所说的,"数学并不比历史学更严格"④。从这里可以看出,伽达默尔解释学立足于现象学的立场要冲破当代科学主义、实证主义对真理的狭隘理解。

---

① 为此,伽达默尔还联系到他的论文《柏拉图〈第7封信〉中的辩证法与诡辩》来阐述。参见伽达默尔:《伽达默尔论柏拉图》,余纪元译,光明日报出版社1992年版,第102—136页。

② 参见伽达默尔:《解释学I:真理与方法》,洪汉鼎译,商务印书馆2007年版,第468页;另参见让·格朗丹:《哲学解释学导论》,何卫平译,商务印书馆2009年版,第22—24页。作者对这个问题有较好的论述。

③ 参见伽达默尔:《解释学I:真理与方法》,洪汉鼎译,商务印书馆2007年版,第605—606页。笔者还可以补充一个例子:解释学循环。虽然它看似一个矛盾或悖论,但反映的却是我们理解活动的真实情况,与形式逻辑的循环论证不可画等号。黑格尔早就指出过形式逻辑有其自身的限度,所以他提出辩证逻辑。

④ 参见海德格尔:《存在与时间》(修订本),陈嘉映、王庆节译,三联书店2000年版,第179页;另参见海德格尔:《路标》,孙周兴译,商务印书馆2000年版,第360、369页。

由此伽达默尔回应了自尼采、狄尔泰以来人们通过揭示相对主义的内在矛盾来否定它的观点。在伽达默尔看来,这些论证表面上看来十分有力,但实际上没有什么实质性的价值和洞见,这里与其说是怀疑主义和相对主义受到打击,还不如说是一般形式论证的真理要求受到打击。我认为,这一论述实际上包含有对施特劳斯在内的一切对历史主义攻击的有力回应。

伽达默尔上面两段话的理论根据其实来自于海德格尔,后者早在《存在与时间》中对怀疑论就进行过批判:

> 无法反驳一个怀疑论者,一如无法"证明"真理的存在。如果真有否认真理的怀疑论者的存在,那也就无须乎反驳他。只要他存在,并就这一存在中领会了自己……因为此在本身先就不可能获得证明,所以也就不可能来证明真理的必然性。就像无法证明有"永恒的真理"一样,也无法证明曾"有"过任何一个"实际的"怀疑论者——不管怀疑论都反驳些什么,归根到底它相信"有"怀疑论者。当人们尝试用形式辩证法进攻"怀疑论"的时候,大概十分天真,还不知道怀疑论相信这一点①。

这段话表明了海德格尔对怀疑主义的基本态度,伽达默尔与之完全一致,他们的思想是一脉相承的,而且施特劳斯本人也说过,"真正的哲人不能是怀疑论者"②,这与海德格尔不谋而合。的确,从整个立说来看,能说笛卡尔是怀疑论者吗? 能说海德格尔是怀疑论者吗? 能说德里达是怀疑论者吗? 遑论伽达默尔是怀疑论者了。有意思的是,

---

① 海德格尔:《存在与时间》(修订本),陈嘉映、王庆节译,三联书店2000年版,第263页;海德格尔对相对主义指责的辩护,可另参见他的《康德与形而上学的疑难》,王庆节译,上海译文出版社2011年版,第265、269—271页。

② 施特劳斯:《迫害与写作艺术》,刘锋译,华夏出版社2012年版,第156页。

施特劳斯和伽达默尔都强调历史主义必须返回到它自身,所不同的是,施特劳斯指出这一点是为了取消历史主义,而伽达默尔指出这一点是为了完善历史主义。

接下来要涉及的是与之有牵连的历史主义与自然正确或自然法的关系问题。施特劳斯将历史主义与自然正确(natural right)或自然法(natural law)①对立起来,从这个角度,他对历史主义的立场做了这样的表述:历史主义就是认为"自然正确是不可能的"②。他所谓的"natural right"中的"right"有"正确"、"正当"、"公正"、"正义"和"权利"的意思,合起来就是"自然正义"和"自然权利",还有"自然正确",或"自然正当"的意思。施特劳斯认为历史主义对自然正确的拒斥不只是导向了虚无主义,它本身就是虚无主义,所谓"虚无主义"就是除了个人的自由选择外,在是非、好坏、对错之间没有任何标准可言,由此让我们陷入一种无家可归的感觉③。

伽达默尔对此又是如何看的呢?这一点必须回到他和施特劳斯都十分重视的亚里士多德《尼各马可伦理学》中对"自然法"和"习俗"的区分,从这里表现出两人对自然法的态度的差别。施特劳斯强调自然法是不变的,而伽达默尔强调自然法是可变的,并引用亚里士多德《尼各马可伦理学》中的话作证④。我们知道,亚里士多德区分了自然法和约定法(或自然的公正和约定的公正)⑤,一般说来,前者具有普遍效力,后者不具有,但后者要以前者为基础,应是前者根据实际情况或需

---

① 德文的"Recht"并不完全等于英文的"right"。德文中的"Naturrecht"可译为"自然法"或"自然正确",但英文"natural right"只能译成"自然正确"或"自然权利"、"自然公正",而"自然法"则是"natural law"。

② 列奥·施特劳斯:《自然权利与历史》,彭刚译,三联书店2003年版,第37页。

③ 参见列奥·施特劳斯:《自然权利与历史》,彭刚译,三联书店2003年版,第5、19页。

④ 参见伽达默尔:《解释学Ⅱ:真理与方法》,洪汉鼎译,商务印书馆2007年版,第486页;另参见伽达默尔:《解释学Ⅰ:真理与方法》,洪汉鼎译,商务印书馆2007年版,第433—436页。

⑤ 参见亚里士多德:《尼各马可伦理学》,1134b19—1135a15。

要的应用或限定①。伽达默尔引用亚里士多德的话,强调这样的看法:只有在神的世界里才没有变化,而在人的世界里,即便自然法,也和约定法一样,是可以改变的,例如,通常人的右手能力要强于左手,但这并不能妨碍人们通过训练使左手与右手一样灵巧。伽达默尔这里引述亚里士多德的话意在为他的解释学应用、效果历史原则寻找依据。

而施特劳斯将亚里士多德对自然法和约定法的区分看成是政治哲学的起步,这里的约定法与习俗有关,他将约定法称之为一种"习俗主义"(conventionalism),这种习俗主义与现代的历史主义,并不完全是一回事,古代的"习俗主义"是建立在"自然"(physis)和"习俗"(nomos)的区别基础之上的,并且将更高的尊严赋予了前者,而不是后者。如果认为正确或正义是由习俗所决定的,与自然无关,那么只会导致各个共同体任意而为,它可以是多数人的同意(意见),但与真理并没有必然联系(这方面最典型的例子是第二次世界大战的德国以希特勒为首的纳粹主义,它的上台就是民选的,是多数人的同意或意见的结果)。而现代的历史主义拒绝自然的尊严,他们更看重人的历史的自由创造②,这是导致相对主义、虚无主义的主要原因。

伽达默尔和施特劳斯上述立场和观点的差别,在他们的解释学中反映出来了。例如,施特劳斯对康德这样一句话持有异议:我们有可能比哲人理解他自己理解得更好③,施特劳斯认为这种理解实际上是一种非历史的理解,真正的历史理解应当是如作者理解他自己那样去理解作者。"比作者理解他自己理解得更好"这句话意味着解释者能高于古代作家的见识,也许康德能做得到,但并不是每一个人都能做得到。这里面隐含着这样一个预设:思想史是一个进步的历史——后来

① 参见《西洋哲学辞典》,布鲁格编著,项退结编译,(台湾)编译馆、先知出版社 1976 年版,第 277 页。

② 参见列奥·施特劳斯:《自然权利与历史》,彭刚译,三联书店 2003 年版,第 11—14 页。

③ 参见康德:《纯粹理性批判》,A314/B370。

时代的人比先前时代的人能理解得更好。这是"古今之争"的一个方面,而施特劳斯认为这种假设与真正的历史理解水火不相容,甚至是致命性的,因为它会导致误读和曲解的产生。所以受康德影响的浪漫主义解释学的那句名言——我们能够像作者一样地理解,同时我们能够比作者理解他自己理解得更好——从施特劳斯的角度看只对了一半,即前半句,而不是后半句。因为抛弃思想史家的任务是恰如过去的思想家理解自身那样去理解他就等于放弃了客观理解的唯一标准。基于这一立场,施莱尔马赫强调比作者理解得更好是完满理解的最高形式①,尤其不能接受。

这里施特劳斯将体现我们时代精神的历史主义与进步主义联系起来了,后者假定了理解者的时代比过去时代进步,即所谓进步主义的特征,进步主义相信现在高于过去,这也是一种启蒙主义的信念,它基于人类中心论的立场。而施特劳斯不这样看,他坚持理解是"回归"——如作者理解他一样去理解,而不是"进步"——比作者理解他自己理解得更好。对进步与否施特劳斯也有自己独特的看法,他说:

> 我们在反观过去时就会看到,思想在某个方向上所取得的每一进步,都是以别的方向上的退步为代价的;思想上的进步克服了某一固有的局限之时,原先一些重要的洞见总是被忘怀了,这就是那一进步所带来的结果。这样,总起来看,就没有什么进步可言,有的只是从一种类型的局限到另一类型的局限的变化②。

上面的话构成了施特劳斯反对简单地用新与旧、进步和落后来代替好与坏、正确与错误的标准的理由之一。现代性的危机让他更看重的是"回归",而不是"进步",当然他这样认为还有更复杂的犹太教信

---

① 参见 Schleiermacher, *Hermeneutics and Criticism*, Cambridge University Press, 1998, p.266。

② 列奥·施特劳斯:《自然权利与历史》,彭刚译,三联书店 2003 年版,第 22 页。

仰的背景①。

关于这个问题伽达默尔也有自己的一套看法,他在后来的《科学时代的理性》中讲得比较明确:解释学类似于一种对话或讨论,在讨论中,人人都带着各自的视域来进行,在讨论的过程中,每个人的视域都会发生改变,这是一种进步,"但却不是研究工作意义上的进步,也不是所谓不能落后的问题。相反地,它倒是另外一种类型的进步,即在我们的生活努力中不断获得更新"。只要讨论中能"找到一种共同语言,讨论就会结出丰硕成果"。伽达默尔还将理解比作是一种探险,认为作为一种行动任何理解都是要冒风险的,也就是说,它有可能成功,也有可能失败,机遇与挑战并存。但无论如何,它可以一种特殊的方式拓展我们的视域和经验,从而增进我们的自我理解②。可见伽达默尔这里讲的"进步"是一种"改变"、"更新",没有明确涉及好坏对错,它是文本和读者"碰撞"的结果,伽达默尔强调文本的意义大于作者的原意主要是就文本与读者的关系来讲的,而不是就文本与作者的关系来讲的。他在《真理与方法》中明确地说,理解没有更好,只是不同③。现在看来,这种表述的确很难与相对主义划清界限,对此赫施曾批评过。

不过伽达默尔另一方面又强调,我们的理解既不是回到原作者的视域,也不是令其受制于我们自己的标准,而是要达到一种视域融合,伽达默尔所使用的"视域融合"具有现象学的意义,它是对我们理解某物(如文本)时经验性地所发生的一种关联的现象学描述,它和海德格尔的"真理之事件的出现或发生"有关④,另外,受辩证法的支配,视域

① 参见施特劳斯:《古典政治理性主义的重生》,潘戈编,郭振华等译,华夏出版社 2011 年版,第 297—305 页。

② 参见伽达默尔:《科学时代的理性》,薛华等译,国际文化出版公司 1988 年版,第 98、96、97 页。

③ 参见伽达默尔:《解释学 I:真理与方法》,洪汉鼎译,商务印书馆 2007 年版,第 403 页。

④ 参见拉米:《施特劳斯与伽达默尔之争——评〈评后现代的柏拉图们〉》,黄晶译,载《雅典民主的论谐剧》,刘小枫、陈少明主编,华夏出版社 2008 年版,第 297 页,译文有改动;另参见该书第 330 页。

融合乃是向着一个更高的普遍性上升,它克服了双方的个别性或片面性,由原来相对狭窄的视域达到了一个更大、更宽广的视域,从中取得了一个"更正确的尺度去更好地观看这种东西"①。注意这里的表述用的是比较级,实际上涉及了对错好坏的问题。在谈到"效果历史"和"视域融合"时,伽达默尔特别提醒人们注意,不要将它理解为对他人思想的"同化",不要忽略"他者"之"他在性"②。可见,伽达默尔虽然在对待相对主义的态度上,确实有表述不够协调、不够周严、甚至前后矛盾的地方,但总的来讲是反对的。根据他的理论,与实践智慧相联系的对文本或真理之理解和解释的标准虽然不是刚性的,而是柔性的,但绝不是没有。

理解离不开语言,与上述"回归"的立场有关,施特劳斯反对用现代词汇来解释古代哲学家,伽达默尔则认为这是他同施特劳斯的另一个分歧所在。在他看来,探讨一个文本并不只讲文本的语言,而不能讲另一个时代的语言,这是无法做到的。这在作为理解和解释的翻译方面很典型,他在关于施特劳斯的"访谈"中通过一个例子讲了他与施特劳斯在这方面的分歧③(其实在《真理与方法》中,他从语言经验的角度谈视域融合时,就已明确地从正面论述了自己的相关看法④)。这里笔者想补充一个例子来做进一步说明,譬如,"pathologisch"这个德文单词在康德的三大批判中都出现过,现在我们通常译作"病理学的",但是在康德那个时代,"病理学"这个词尚未出现,所以今天人们这样翻译似有外在强加之嫌。针对这种情况,有学者主张我们在翻译康德时,不能只用现代德语词典,还要参考不仅是德国近代著名童话作家,也是

---

① 伽达默尔:《解释学 I:真理与方法》,洪汉鼎译,商务印书馆 2007 年版,第 415 页。着重号为引者所加。

② 参见伽达默尔:《解释学 I:真理与方法》,洪汉鼎译,商务印书馆 2007 年版,第 407 页注 230。

③ 参见施特劳斯等:《回归古典政治哲学》,朱雁冰等译,华夏出版社 2006 年版,第 488 页。

④ 参见伽达默尔:《诠释学 I:真理与方法》,洪汉鼎译,商务印书馆 2007 年版,第 535 页。

德国近代著名语言学家格林兄弟编的《德语词典》(1852年),因为他们与康德属于同一个时代,所使用的德语相同,而今天的德语与康德时代的德语之间已有了很大的差别。这个观点和施特劳斯很相近①。然而,我们在翻译时是否要固守康德那个时代的德语,还是根据今天的德语以及今天的汉语来理解和翻译? 这似乎是不言而喻的,伽达默尔强调解释学的"应用"就是"翻译",而翻译有"转化"的意思②,它对于理解来说是必然的,因此我们不能像施特劳斯所主张的那样,要谨守古人的语言去理解古人,而不要用现代的语言去理解古人,伽达默尔认为这是不可能的,在操作层面上也难以行得通,对古典文本必须要"翻译"(转换)成今天我们的语言来理解,这是解释学的应用——化"陌生"为"熟悉"所必需的,也是"Hermes"(赫尔墨斯)的本义。另外,伽达默尔的另一位老师布尔特曼的"解神话化"的思想也能说明这一点:我们今天的读者决不可能用《圣经》世俗作者那个年代的神话思维去理解和解释《圣经》,这里需要"得意忘言"。

虽然在用当代语言理解,还是用古典语言理解上,伽达默尔同施特劳斯存在分歧,但也决不是简单地否定后者的观点。伽达默尔曾在《真理与方法》中将我们自己的用语和我们自己的前见联系起来,因为理解本身就是一种语言活动,所以理解任何一个文本都将面临着这样的任务:不是简单地用我们自己的语言,也应注意用作者的语言去进行理解,问题只是这样做是如何实现的,我们在使用自己的语言去理解时,我们如何在自己的语言和文本的语言中做出区分。也许在一般情况下,我们意识不到,然而一旦我们遇到文本不理解或它的意义与我们的预期不一致时,我们就会停下来考虑这两种用语的差别。文本毕竟是一个"他者",即是他人的见解,而不是我的见解,它不能简单地被我

---

① 这个例子是笔者于2013年7月在台湾大学高等人文社会研究院访学期间与李明辉教授交谈时得到的,他主张将这个词译成"感受的"[另参见康德:《道德底形上学》,李明辉译,(台湾)联经出版社2016年版,第478页]。

② 参见 *Gadamer*, ed. by Robert J. Dostal, Cambridge Universty Press, 2002, pp. 42-43。

的理解所"同化",因此要注意"他者"的语言与"我"的语言的不同。然而,即便如此,规定我的前见仍在无意识或不被觉察地起作用①。显而易见,伽达默尔的这个说法不过是他的效果历史、视域融合的原则在语言理解上的具体应用,这种应用不能从主观上去理解,而要从客观上去理解,否则,就难与相对主义划清界限。

尽管伽达默尔一向以反对相对主义自居,但施特劳斯并不认为他真正成功地做到了这一点②。不过依笔者之见,承认价值的相对性并不等于就是相对主义。然而在施特劳斯给伽达默尔的第 1 封信里让人感到有这个方面的嫌疑③。其实这里的相对性是同理解的有限性联系在一起的,伽达默尔本人是这样回答的:解释学具有普遍性,这种普遍性意味着某种无限性,而人的存在又具有有限性,这两者之间并不矛盾,而是可以统一的。因为有限性总是同否定性、开放性相联系,所以它通向无限性。伽达默尔之所以不赞成黑格尔的"好无限",而推崇他的"恶无限",其用意就在于此,他指出,对有限性的强调意味着总是可以再跨出一步的那样一种方式,因此"这种恶无限并不像它听起来那么恶"④,换言之,对于伽达默尔来讲,黑格尔的"好无限"并不好,"恶无限"并不恶,它所突出的是辩证法的自否定,这种否定意味着开放性,它是对解释学经验的深刻描述。可以说,伽达默尔对相对主义乃至虚无主义的克服是通过统一人的存在的有限性和参与的无限性来实现的。由于他坚持主—客在历史中的协调的道路,这样既保留了历史主义,又反对了客观主义,同时也拒绝了相对主义和虚无主义。

---

① 参见伽达默尔:《解释学 I:真理与方法》,洪汉鼎译,商务印书馆 2007 年版,第 365—366 页。

② 参见施特劳斯等:《回归古典政治哲学》,朱雁冰等译,华夏出版社 2006 年版,第 494 页。

③ 参见施特劳斯等:《回归古典政治哲学》,朱雁冰等译,华夏出版社 2006 年版,第 409 页。

④ 参见施特劳斯等:《回归古典政治哲学》,朱雁冰等译,华夏出版社 2006 年版,第 499 页。译文有改动。

结　语

以上我们沿着理论背景、思想脉络对伽达默尔与施特劳斯进行了更广泛的比较,由二人的具体争论扩大到两人的思想差别,现在可以对它作一个总的评价了:

最初接触施特劳斯的解释学观点时,很容易将它简单地同已"过时的"传统的解释学理论联系起来而加以忽视。其实,在当今受占主流的新解释学,尤其是后起的、与之有关联的激进解释学①的影响、人们愈来愈淡化解读与误读之间的界限的时候,重提古典解释学的原则,自有它的一番道理,同时也表明了这一原则不可以简单地加以拒斥,尤其是当它处于施特劳斯的语境中时②。施特劳斯强调解释学是实践,而不是理论;是一门艺术,而不是一门科学,它与鉴赏力、判断力和想象力分不开,这里隐含有一种对实践智慧的承认:突出其具体的有效性,而不是普遍的适用性。虽然施特劳斯更多地是从方法论切入解释学的,但这种方法论的背后包含有一种本体论的承诺,当然相对于海德格尔、伽达默尔,它更多体现在政治哲学方面。

施特劳斯一生主要做的是一种哲学史的研究,然而与黑格尔一样,施特劳斯也坚持这样的观点:"没有哪一种哲学史研究,不同时是一种哲学研究。"③而这种哲学史的研究对于他来讲也就是一种解释学的实践,具体来说,他的思考与写作以注疏、诠释为主,同时努力将它们带入到一种哲学的新高度④。施特劳斯奉行贴近文本工作、尊重作者意图,

---

①　参见罗伊·马丁内兹编:《激进解释学精要》,汪海译,中国人民大学出版社2011年版,第1、4页。

②　参见刘小枫、陈少明主编:《经典与解释的冲突》,上海三联书店2003年版,第99—101页。

③　列奥·施特劳斯:《哲学与律法——论迈蒙尼德及其先驱》,黄瑞成译,华夏出版社2012年版,第22页。

④　参见斯密什:《阅读施特劳斯》,高艳芳等译,华夏出版社2012年版,第241页。

强调对读者自由权力的限制和对已有成见保持一种距离,这些都是今天值得重新提倡和恢复的理解的美德。像当代解释学,尤其是激进解释学那样在作者的意图和文本的意义之间作绝对的切割,现在看来,也并非没有问题。相对伽达默尔的普遍解释学,施特劳斯的解释学似乎更接"地气",而且与其政治哲学水乳交融。他的"隐微解释学"也就是一种"政治解释学",它从一个重要方面说明了政治对写作与阅读的影响,揭示了还原文本本义或作者意图的复杂性,这其中包含有对海德格尔现象学的"解构"方法的一种特殊应用。基于此,西方有学者称他是一个卓越的"阅读现象学家"不无道理①。

施特劳斯的"解构"不是一般意义上的,而是要面对他所发现的"隐微写作"的现象,有其独到之处。前面提到,由"隐微写作"而产生的"隐微解释学"作为一种方法在伽达默尔眼里并不具有普遍性,但这种看法可能有点简单化了,因为施特劳斯的"隐微写作"是建立在古代的哲人与城邦对立的基础上,它所体现的是自然与习俗、知识与意见的区分和冲突,虽然这种关系在今天的表现形式有所改变,但只要这种关系还存在,只要这种区分和冲突不消失,隐微写作就不可能完全消失,它并不会因为民主制度的建立和极权主义的取缔而得到彻底的改变,例如苏格拉底就是死于古希腊的民主制下的。

总的来说,伽达默尔与施特劳斯这场争论在当代解释学史上应占一席之地,它不仅在时间上要早于人们所熟悉的其他三场争论,而且意义决不亚于它们,甚至在某种程度上还要超过它们,它属于新一轮的"古今之争",其起点是对现代性的批判,焦点是历史主义,要害是相对主义和虚无主义,它触及了解释学领域里更带深层次性的大问题,从而推进了这一领域的研究。如果说,伽达默尔与贝蒂、赫施是一场关于理解的客观性之争、与哈贝马斯是一场关于理解的批判性之争、与德里

---

① 参见刘小枫、陈少明主编:《经典与解释的冲突》,上海三联书店2003年版,第125、108页。

达是一场关于理解的差异性之争的话,那么他与施特劳斯则是一场关于理解的古今之争(施特劳斯)或历史主义之争(伽达默尔)。施特劳斯的相关著作以及同伽达默尔的这场高水平的争论,奠定了他作为当代西方重要解释学家的地位。尽管施特劳斯的挑战对伽达默尔并未构成根本性的威胁,但他的批评绝非没有意义,至少在作为现代性危机之根本体现的虚无主义的困惑下,我们从他身上重新找回某种哲学的自信,他一生都在提醒人们要警惕柏拉图所说的"洞穴",这在任何时候都是必要的,这也是笔者一直对他充满敬重和好感的原因。也许我们可以粗略地将施特劳斯的解释学表述为还原式的,伽达默尔的解释学表述为开拓式的,但二者不可简单地归结为"我注六经"还是"六经注我"式的对立。从总体上看,他们的争论带有互补性。

由这场争论,我们想要进一步追问的是相对主义和虚无主义是否就是历史主义的宿命? 或者换一个说法,历史主义是否必然会走向相对主义和虚无主义? 历史主义有没有好坏之分? 相对主义的最深根源是某种形式的历史主义,还是所有的历史主义? 我们的理解能否超越视域融合和效果历史的原则? 显然在这些问题上伽达默尔的思想相比施特劳斯对我们更有启发性、更具说服力。在他眼里,人的存在的历史性决定了人的理解的历史性,而这种历史性所造成的相对性并不构成通达真理的障碍,而是作为它们的一个部分[1],人的有限性不是消极的,它恰恰构成了人的理解和解释得以可能的条件和因素[2],这显然是基于一种现象学立场的推论[3];另外,伽达默尔区分了有利于理解的"真前见"和不利于理解的"假前见"[4],它们之间的检验不只是一个理论

---

[1] 参见 Matthew Foster,*Gadamer and Practical Philosophy*,Scholars Press,Atlanta,1991,p.175。

[2] 参见伽达默尔:《解释学 II:真理与方法》,洪汉鼎译,商务印书馆 2007 年版,第 47 页。

[3] 参见 Matthew Foster,*Gadamer and Practical Philosophy*,Scholars Press,Atlanta,1991,p.115。

[4] 参见伽达默尔:《解释学 I:真理与方法》,洪汉鼎译,商务印书馆 2007 年版,第 406 页。

问题,更是一个实践问题,而且伽达默尔一贯突出解释学经验的否定性,既强调理解的历史性和相对性,又反对相对主义和虚无主义,他是通过承认多样和变迁中的同一,将人的有限性和参与的无限性辩证地统一起来实现这一点的。由此,我们可以看到,在伽达默尔身上,不仅有海德格尔的影响,还有黑格尔的影响,后者对他的意义决不亚于前者,他在理解上克服相对主义和虚无主义所走的乃是一条解释学辩证法的道路。伽达默尔与施特劳斯之争表面上让人感到哲学的发展三十年河东,四十年河西,物极必反,循环往复,但在这里辩证法总在暗暗地发挥作用,它具有一种超越于个体之上的创造性或生产性的力量,对于思想而言,追随它,也就是追随真理本身显现的道路。

关于《真理与方法》的通信[*]

施特劳斯　伽达默尔

1. 施特劳斯致伽达默尔[**]

行为科学高级研究中心

Junipero Serra 大道 202 号

斯坦福,加利福尼亚,美国

汉斯—格奥尔格·伽达默尔教授

海德堡大学

德国

1961 年 2 月 26 日

亲爱的伽达默尔先生:

我用英语给您写信,因为我的手写已经变得很难辨认,而我这里又没有能熟练操作德文打字的人员。

---

[*] 此三封书信译自 " Correspondence Concerning *Wahrheit und Methode*——Leo Strauss and Hans-Georg Gadamer"("关于《真理与方法》的通信——列奥·施特劳斯与汉斯—格奥尔格·伽达默尔"),载 *The Independent Journal of Philosophy*(《独立哲学杂志》)1978 年第 2 卷,第 5—12 页。施特劳斯致伽达默尔的两封信,原文是英文,伽达默尔致施特劳斯的信,原文是德文,发表时附有英译文。——译注

[**] 编者感谢伽达默尔教授使这些书信的发表成为可能。对这里所提出的问题的公开回应含在《真理与方法》第 2 版第 503—512 页[指"解释学与历史主义"后面——译者补注]。就这些论题二人没有再作进一步的通信探讨。——原编者注

非常感谢您寄来的大作,也很高兴您完成了它。这是一部重要的著作,据我所知,它是由一个海德格尔派成员写出的最重要的著作,是一部费时颇长的工夫之作(a Work de longue haleine),再次显示出等待的智慧。阅读它对我来讲,比阅读大多数其他著作意味着更多,它使我想起我在德国的年轻时光、那托普的研讨班、多次的交谈,最后但绝非不重要的是,1954 年我们在海德堡的最后谈话。某个共同的"背景"帮助我在一定程度上理解了您的著作。正如我所预计的那样,由于从那个共同的基础出发我们各自已经向相反的方向前行了——所以我对您的著作的理解有限。在就此谈点看法之前,我对我已从您的书中所获得的教益表示衷心的感谢,您让我注意到不少我迄今为止尚未意识到的重要东西。重要的是,我意识到我必须用比我现在所能给予的大得多的细心来重新阅读您的著作——挑选一个我马上需要的时间来重读,所以,且将下面讲的话当作我初读后的反应。

我发现自己在对您说话时处于一种极为不利的地位。您拥有并陈述了一个内容广泛的学说,这个学说的确触及我已经验或思考过的不少东西,然而我只能就您书中的一部分来做判断。您的学说在很大程度上是将海德格尔的问题、分析与暗示转化(translation)为一种更加学术化的中介(medium):有一章谈狄尔泰而没有谈尼采①。依我看,您的转化所暗含的原则是第 92②[102]页注释中开头对"方法的"(me-

① 指"狄尔泰陷入历史主义困境"那一章,参见伽达默尔:《诠释学 I:真理与方法》,洪汉鼎译,商务印书馆 2010 年版,边码第 222—246 页。与海德格尔相似,施特劳斯受尼采的影响比较深,他的思想是从尼采出发的,尤其看重尼采对现代性的批判,而伽达默尔提尼采比较少。——译注

② 施特劳斯这里提到的《真理与方法》中的页码,指的是该书第 1 版(*Wahrheit und Methode*,Tubingen 1960)的页码。《真理与方法》在伽达默尔生前一共出了 6 版,分别是:1960 年版(初版)、1965 年版(第 2 版)、1972 年版(第 3 版)、1975 年版(第 4 版)、1986 年出的著作集版(第 5 版)和 1990 年版(第 6 版)。前四版以单行本(1 卷本)的形式出版,第 5 版(著作集版)(10 卷本)以扩大了两卷本(即第 1 卷和第 2 卷)的形式出版。该书第 1 至第 4 版正文的页码大致一致,而第 5 版的页码与以前的版本差别较大。我们在施特劳斯所给出的第 1 版页码的后面以方括号"[ ]"的形式标出相应的第 5 版的页码,也就是中译本(《诠释学 I:真理与方法》,洪汉鼎译,商务印书馆,2010 年版)给出的边码,读者可以通过这个边码它查到相应的中译文,不受中译本各版本页码差别的限制。以下皆照此办理,不再注明。——译注

thodical)与"实体的"(substantive)所做的区分。这一区分又与第248[267]页中"生存论上的"(existential)与"生存状态的"(existentiell)区分相关——与一个很难说和第一个区分是同一的区分相关,正如您的著作那个特别的标题所显示的那样,换言之,从您的表述中并没有显示出,解释学的彻底化和普遍化本质上是与/2/①"世界之夜"(world-night)或西方的没落(*Untergang des Abendlands*)②的降临同时发生的:那个普遍化的"生存论"意义,即它所从属的灾难性的语境,从而并没有出现。我特别要提到卓越的(*par excellence*)解释学处境(hermeneutic situation):根据普遍的哲学解释学,任何特定的解释学任务最先所要求的而且我们都知道的理解处境可以被一种处境所接替,在这个处境中某个类似前—历史主义解释学(pre-historicist hermeneutics)的东西可能正合适。

我也可以这样来表述这一困难,您通过接受"一个思想读者"的"精神科学的事实"(*das Faktum der Geisteswissenschaften*)(尽管对之做了重新解释),保持了学术上的连续性。您界定了一般读者与历史学家的区分,您说历史学家关心的是"整个历史传统"(第232页)③:鉴于人的"有限性",这是如何可能的? 与您的意愿相反,您似乎要坚持"普遍理解的历史意识"。您的意思当然不是说,历史作为一门学科可以做任何历史学家或历史学家群体所做不了的事情。

对于我来说,要在您的解释学中看出我自己作为一个解释者的经验不容易。您的理论是一种"解释学经验的理论",它本身是一种普遍的理论。不仅仅我自己的解释学经验非常有限——而且我所拥有的这种经验还是让我怀疑,一种不只是"形式的"或外在的(extemal)普遍解释学理论是否可能。我相信,这一怀疑来自我所感觉到的无法避免的

---

① 这些数字指书信原件的页码,原件从第2页开始标页码。——原编者注

② 施特劳斯将"世界之夜"、"西方的没落"与"现代性的危机"联系起来,隐含批判之意。——译注

③ 此处明显为笔误,因为在第232页未能找到相应的话。根据伽达默尔下面的回信第2页,此处页码应为"第323页"。对应的德文第5版的页码(同时也是中文版——商务印书馆出版——的边码)是"第345—346页"。——译注

每一个值得解释的"偶缘的"（occasional）特点。尽管如此，我将举几个例子（我标了序号但没有按照它们顺序），以一种"自由漫谈的"（rhapsodic）方式来说明我所遇到的困难。

[1]我同意您的要求：解释者必须反思他的解释学处境（hermeneutic situation），而且必须将文本应用到那个处境（第307[329]页）；但我要争辩的是：我所研究过的现代历史主义之前的所有睿智之士/3/，他们谈到对古代和外来著作进行理解时，就是这样做的；我最近经验到这一点是在迈蒙尼德那里。我同意您的观点：一种学说不可被当作一种静观（contemplation）的对象，不可被解释为对某种生命的"表达"，而必须在其真的（true）要求中去理解①，且这种要求必须被满足。满足这种要求指我能，不仅如此，我必须把它作为真来接受，或把它作为不真来拒绝，或做一个区分，或承认我没有能力做出决定，因而有必要在我目前所知道的限度外进行更多的思考或学习。这正是您实际上所做的——比如在第459[488]页第7行以下。然而，我并不相信，这种事态会在一个人谈论"视域融合"（a fusion of horizons）时产生出来。的确，如果我学到某个重要的东西，我的视域被扩大了，但是很难讲，对柏拉图学说的修正证明优于他自己的叙述，是柏拉图的视域被扩大了。

[2]至少在那些最重要的方面，不管以前还是现在，我总是看到，在文本中有些最重要的东西我理解不了，就是说，我的理解或解释是非常不完备的；然而，我不愿说没有人能达到完备，或者人之为人的有限性必然导致不可能有充分、完备的或"正确的理解"（参见第355[379]页）。您否定这种可能性（第375[401]页），而您的否定并不因为存在着各种各样的解释学处境的事实就得到确证：出发点以及向上登坡的差别并不导致这样的后果：所有的解释者之为解释者希望达到的高地不是一个，同一个。

---

① 参见伽达默尔：《诠释学 I：真理与方法》，洪汉鼎译，商务印书馆2010年版，边码第302页。——译注

11

[3]您谈到解释者本质上的生产性(productivity)[而非只是复制性(reproductivity)](第 280[381]、448[476]页)。我刚刚读过卡尔·莱因哈特(Karl Reinhardt)论"古典的瓦尔普吉斯之夜"(*Klassische Walpurgisnacht*)①——一篇让我获益匪浅的论文;其巨大价值在于莱因哈特对歌德自己明确想过却没有以读者能直接理解它的方式表述出来的东西的理解。莱因哈特的"中介"(mediation)对文本来说只不过是起执行性的作用,而这恰恰是最为睿智的,值得称赞。/4/解释者必须搞清楚仅仅为作者预想的东西,尤其要搞清它是否为某种并非我们所预想的东西。但在这样做的过程中,解释者对作者的理解并不比作者对自己的理解更好,如果这里讲的预想可以表明是作者那个时代所熟知的,或者如果接受这种预想比不接受它更为明智的话[试比较许多不合理的针对古典作品的天真(*naiveté*)的指责]。

[4]当您将作者与解释者之间的区别描述为典范(model)与追随典范(following the model)的区别时(第 321[343—344]页),我是赞同您的。但是,显然并非每个文本都具有典范性,甚至并非所有伟大文本都具有典范性(试比较《尼各马可伦理学》与《利维坦》的区别)。对这个例子的反思可以表明,一旦一个人开始解释,传统与连续性便消失了。

[5]至于解释者的生产性,历史学家比如在经济史的背景中去研究修昔底德②时诚然会向作者提出一个新问题;尽管他的关注点与修昔底德自己的关注点完全不同,但是他必须就修昔底德对经济话题几乎完全沉默给予说明;他必须理解这一沉默,即修昔底德对这些事

① "Klassische Walpurgisnacht"("古典的瓦尔普吉斯之夜"),见于歌德《浮士德》,悲剧第二部,第二幕,第三场,它与《浮士德》,悲剧第一部中的"瓦尔普吉斯之夜"(Walpurgisnacht)是姊妹篇(中译本参见绿原译,人民文学出版社 2016 年版,第 109 页以下、第 250 页以下)。"瓦尔普吉斯之夜"指每年 4 月 30 日至 5 月 1 日之间的夜晚,据德国民间传说,魔鬼和女妖们在德国的布罗肯山山顶上举行狂欢节,群魔乱舞。——译注

② 修昔底德(约公元前 460—公元前 400/396 年),古希腊历史学家,被誉为"历史学之父",代表作为《伯罗奔尼撒战争史》,记叙了公元前 5 世纪前期到公元前 411 年斯巴达与雅典之间的战争。

情的漠不关心；他必须回答经济上的事情是如何呈现给修昔底德的问题的。而回答这最后一个问题，即在他研究范围内出现的最有趣的问题，只不过是对修昔底德关于一般人类事务的思想的一种复制（reproduction①）。

但是我阅读您的大作时所遇到的这些以及类似的困难的基础是什么呢？您从根本上关注的是"效果历史"（*Wirkungsgeschichte*）②——某种对于解释者并非必然成为一个论题的东西（第432［459］页）；您根据对解释者并非必然是论题的东西，看到了对其必然是论题的东西（第452［479—480］页上面），根据 *proton physei*（自然的第一性者）看到了 *proton pros hemas*（对我们来说的第一性者），那么您知道 *proton physei*（就其本性来说的第一性者）——而我不能说我知道。换言之，您并非从对我们作为读者或解释者来说是首要的东西（what is first for us）出发，而是从某些虚假的理论及其评论出发，将一个人引向就其本身而言是首要的东西（what is first in itself）。/5/

您的著作包含一种艺术哲学，但是除了拒斥黑格尔（以及柏拉图与亚里士多德）的那种认为哲学理解优于艺术理解的观点外，哲学与艺术的关系并没有在主题上得到处理。我想知道，这是不是由于对"历史的"反思不足所导致的。您在第77［87］页上说，既然创造艺术这个概念的审美意识已成问题了，那么艺术的概念也就成问题了。然而，您将紧接着后面一节的标题命名为："恢复对艺术真理的追问"③——好象那个追问以及艺术的概念发生在审美意识之前似的。（另参见第94［105］页。在第129［140］页，您接受了由不足信的审美意识所造成的一种抽象，同样，在第157［169—170］页，您接受了由不足信的历史意

———————

① 这里的"reproduction"（复制）与本段开头的"productivity"（生产性）相联系。——译注

② 施特劳斯将伽达默尔的所有问题最后归结为后者的"效果历史"原则，它体现为一种施特劳斯要批判的历史主义。——译注

③ 即"艺术真理问题的重新提出"，参见伽达默尔：《诠释学 I：真理与方法》，洪汉鼎译，商务印书馆2010年版，边码第87页。——译注

识所导致的一个结果）。如果艺术的概念已成问题，如果对某种已丧失的东西的恢复因而被预示，我会得出这样的结论：我们必须通过返回到那个概念或产生那个概念的意识背后开始。这样，我们会被引向这个观点：我们称作艺术的东西原本被理解为智慧（*sophia*）（参见色诺芬《回忆苏格拉底》I 4.2—3）①，在这一阶段得到承认的是"艺术即知识"。但这是什么样的知识呢？显然不是哲学的知识。随着哲学的出现，哲学与诗歌的冲突也出现了，这本质上对哲学与诗歌都是一种冲突，正如哲学家们必然知道、诗人们可能知道的那样。要理解这种冲突，人们就必须倾听双方的声音（参见柏拉图《国家篇》第10卷论哲学与诗歌之争）。诗歌对抗哲学这件事的最伟大的文献是阿里斯托芬的《云》②。这个经典文献是一部喜剧而不是悲剧决非偶然。不管怎样，从《云》（以及阿里斯托芬的其他喜剧）的研究中，我学到了某些在任何现代人那里都学不到的东西：对阿里斯托芬喜剧最深刻的现代解释（黑格尔的解释③）远不及柏拉图在《会饮篇》中对阿里斯托芬所作的阿里斯托芬式的描述④。（海德格尔对喜剧保持沉默。至于尼采，参见《快乐的科学》，格言1）。一言以蔽之，我相信，现代艺术哲学的基础——即使它摆脱了美学的偏见——也太狭小了。

您所讨论的最广泛的问题指向"相对主义"这个术语。您将"所有人类价值"的相对性（第54［63］页）、所有世界观的相对性（第423［451］页）/6/视为理所当然。您认识到，这一"相对主义的"论题本身

---

① 参见色诺芬：《回忆苏格拉底》，吴永泉译，商务印书馆1986年版，第27—28页。当苏格拉底问阿里斯托底莫斯，有哪些他所钦佩的"有智慧的人"时，后者回答的是诗人和艺术家的名字，如荷马、索福克勒斯等。这表明，在古希腊，艺术与智慧、艺术与知识是联系在一起的。——译注

② 诗人阿里斯托芬在这部喜剧中，借哲学家苏格拉底之名讽刺和嘲笑了当时的诡辩论教育（所谓"新教育"）。参见《阿里斯托芬喜剧六种》，罗念生译，载《罗念生全集》第5卷，上海人民出版社2016年版，第155—220页。——译注

③ 参见黑格尔：《哲学史讲演录》第2卷，贺麟、王太庆译，商务印书馆1983年版，第76—81页。——译注

④ 参见柏拉图：《会饮篇》，189b—193e。——译注

意味着"绝对和无条件的真"(第424[451—452]页)。我不清楚您是否认为"逻辑的"困难无关紧要(我不这样认为),或者本身并非是决定性的。我相信下面的推理则不存在"逻辑的"困难。普遍的解释学或解释学本体论所属于的历史处境并非一个类似于其他处境的处境;它是"绝对的时刻"(the absolute moment)——类似于黑格尔体系在历史进程中所属于的绝对时刻,我说的是类似而非相同。我想提到一种否定的绝对处境:从存在的遗忘状态(*Seinsvergessenheit*)中醒悟过来属于所有存在者的冲击(*Erschütterung alles Seienden*),而一个人所醒悟到的并非是一种体系化形式的最终真理,而是一个永远不能充分回答的问题——一种探索和思考的水平,这意味着最终的水平。请您回忆一下您为莱因哈特纪念文集所写的论文的末尾:您并不认为,对人自身生存的历史性以及人不可能超越其自身视域的洞察将以巴门尼德和黑格尔被取代的方式被取代。您的观点让我想起了那托普的观点,他说真正的哲学是康德的哲学,康德以其恰当的形式发现了根本的问题(尽管还有一些独断论的残余)。您谈到了"完满的经验"(the completed experience)(第339[363]页),它当然不是黑格尔意义上的完满,但仍然是完满的,这样您便承认:在决定性的方面,经验已达到了它的终点;哲学取向的一个根本变化——一个在意义上可以同这样一种变化,如从黑格尔到海德格尔,相提并论的变化——并没有被正视。

请让我从这里出发来看一看"所有人类价值的相对性"。如您所说,生存(existence)本身就是理解着的(verstehend)[①];这种理解当然"也"是对美和正义(*to kalon kai to dikaion*)的理解,因而它本质上"进行着价值评估"(evaluating)(第224—225[242]页)。这意味着,生存必然是在一种特定的风俗—德性(*Sitte-Sittlichheit*)中或通过这种风俗—德性的生存,风俗—德性不是作为仅仅强加的,而是作为被理解

---

① 在海德格尔的语境下,译作"领会着的"更好;而在伽达默尔的语境下,译作"理解着的"的更好。它们之间存在着层次上的差别:海德格尔主要针对的是生存,而伽达默尔主要针对的是文本。——译注

的、明见的东西;这种特定风俗—德性的明见性乃是世界特定理解之明见性的组成部分。这意味着,对于生存来说,相对主义的问题从来不曾出现过。那么解释学本体论或无论怎么称呼它便在这种意义上本身是历史的:它植根于一个特定的"历史世界",从而植根于一个特定的风俗—德性之中,这种风俗—德性注定带有解释学本体论的最终特征(final character)。也许可以/7/更准确地说,这个论题的本体论属于一个衰落中的世界,此时相对于它的特定风俗—德性已丧失其明见性或约束力,所以解释学本体论必须——当然不是梦想制造一种新的风俗—德性,而是——为它之可能的到来准备人,或使人对它有可能出现乐于接受。然而,甚至在这两个世界"之间"(between),即高贵与低贱之间的基本区别及其关键性的含义[例如,关于爱为一方与仇恨和怨恨为另一方的状态,或者关于诸如"兄弟姐妹情谊"(*Geschwisterlich-keit*)——《通向语言之途》,第 67 页①——以及家庭之类的事情],对于每一个不是野兽的人来说,都保持着它们的明见性或约束力。这些以及诸如此类事情的普遍性(generality)并没有像您自己在第 295[317]页以下所表明的那样,丧失其确定的含义。最重要的是,这些事情——与"世界"(参见第 432[460]页)以及其他生存论环节(Existentialien)相比——在一切"视域"内都必然成为主题。

在"所有价值的相对性"的基础之上,狄尔泰"对'相对主义'攻击的不倦反思"(第 224[241]页),我相信,是不可避免的。我丝毫不为狄尔泰所吸引,但是,关于提到的这一点,我宁愿捍卫他而反对您的批评②。关于您在第 225[242—243]页所言,我想反驳,您忘了,苏格拉底的怀疑既不是方法的怀疑,也不是出于"本身"(by itself)的怀疑③。

---

① 参见海德格尔:《在通向语言的途中》,孙周兴译,商务印书馆 2015 年版,第66 页。——译注

② 施特劳斯这里暗含将哲学解释学看成是一种相对主义哲学,认为它仍被束缚在当代历史主义所导向的虚无主义之中。——译注

③ 伽达默尔原文中针对狄尔泰提到了笛卡尔的怀疑,而这里施特劳斯讲到的却是苏格拉底的怀疑。——译注

利用这个机会,我想请您帮两个忙,出版商得到授权要为我论斯宾诺莎的书①出个新版本,我觉得这本书需要一个新前言,我想,克吕格(Krüger)大约在 1931 年发表于《德意志文献报》(DLZ)上的评论②再适合不过了。恳请您帮我联系克吕格或他的妻子,看是否可以得到授权重印那篇评论,并且找个熟悉这类事务的人,这样出版商可以写信给他,从《德意志文学报》那里争取到授权。——我很想得到厄廷格尔(Oetinger)讲夏夫茨伯里(Shaftesbury)论"常识"(common sense)的那一页或几页的复印件。您能安排寄我一份吗? 费用我来出,也许我以前的学生丹豪瑟能帮点忙,我想他目前正在海德堡学哲学。预先致谢。

最后,再次感谢您惠赠的大作。

忠实于您的

列奥·施特劳斯

2. 伽达默尔致施特劳斯③④

苏黎世附近的森林,

上希尔蒂斯堡

1961 年 4 月 5 日

亲爱的施特劳斯先生:

您对拙著的详细意见对我意义良多。我知道,真正追随另外的思

---

① 指《斯宾诺莎的宗教批判》(中文版,李永晶译,华夏出版社 2013 年版,读者可参看)。——译注

② "DLZ"是 *Deutsche Literaturzeitung*(《德意志文献报》)的缩写。克吕格评论施特劳斯的《斯宾诺莎的宗教批判作为其圣经学的基础》(*Die Religionskritik Spinozas als Grundlage seiner Bibelwissenschaft*(Berlin:Akademie Verlag,1930)的文章发表于《德意志图书报》,第 51 期(1931 年 12 月 20 日),第 2407—2412 页(中译文参见李永晶译,载列奥·施特劳斯:《斯宾诺莎的宗教批判》,李永晶译,华夏出版社 2013 年版,第 494—502 页。——译注

③ 由 George Elliott Tucker 译成英文,译者对 Susanne Kleln 帮助理解德语习语表示感谢。——原编者注

④ 此信原文是德文,译者根据德文译出,参照过英译文。——译者

路对于我们来说都不太容易。我也从我自己对您著作的经验中知道了这一点,在那里,我常常不得不满足于从中获取对于自己来说富有成果性的东西,所以我特别感谢您能告诉我您最初的观感。此外,我在这里也许从事了一项我缺少天赋的任务:从各式各样解释的实践与经验中发展出一个统一的"理论",它以一种我常常深陷其中的完全转换(Umstellung/transposition)为前提。至于我经过长期努力最终是否成功地说出了某些能前后一致的东西,仍得等着瞧。请允许我,至少针对您的评论,为拙著的"一致性"的评论做一点力所能及的辩护。

当您谈到[我]①把海德格尔转换成一种学术的中介(Medium/medium)、讲狄尔泰而不讲尼采时,您完全正确。也许这并非出于[我的]意图,而是出于我作为语文学家和流传下来的哲学文本的解释者的自我澄清(Sebstklärung/self-clarification)的需要。但我们必须自问,这一"转换"是否可能无本质性的改变。虽然与贝克(O.Becker)或勒维特(K.Löwther)相比,我可以依据海德格尔《存在与时间》的"先验的"(transzendentalen/transcendental)②意义,然而,除此之外,我对海德格尔仍有兴趣——通过我试图把"理解"设想为一个"事件"(Geschehen)③——转向了一个完全不同的方向。我的出发点并不是存在的完全遗忘

---

① 方括号"[ ]"中的字为译者所加,以补足原意,下同。——译注

② 海德格尔前期在他的《康德与形而上学疑难》(中译本参见王庆节译,商务印书馆 2018 年版,边码第 17 页)中,通过对康德《纯粹理性批判》的阐发,要建立一种存在论的知识论,在《存在与时间》中仍然保持这种先验性的特征,这是他尚未完全从康德主义和新康德主义以及胡塞尔先验现象学走出来的表现,也是他"转向"后力图要加以克服的。而伽达默尔后来自己明确地讲,他的哲学解释学是要将海德格尔前期和后期思想结合起来。这里面包含对海德格尔思想的发展与转换(参见伽达默尔:《诠释学 II:真理与方法》,洪汉鼎译,商务印书馆 2010 年版,边码第 11 页)。——译注

③ 英译者将其译成了"event"(事件)。德文原文的"Geschehen"(发生、事件)强调的是过程,而"event"(事件)是结果,两者虽然有联系,但还是有差别的。伽达默尔曾在"道路的转向"(1985 年)一文中提到过,他原打算用"理解与事件"("Verstehen und Geschehen")作为《真理与方法》的书名(参见 Gadamer, GW10, S.75.),这里的"事件"强调的不是我们的行为,而是什么对我们"发生"。从现象学的角度看,它同伽达默尔的"效果历史意识"相联系,虽然这个书名后来放弃了,但它对于理解这本书的主题——"真理与方法",仍然是富有启发和帮助的。伽达默尔这里讲的就与此有关。——译注

（*vollendete Seinsvergessenheit*），"存在的黑夜"（Seinsnacht）①，恰恰相反——我讲这一点是反对海德格尔的，也反对布伯——这样一种观点不现实，这也适用于我们与传统的关系。我们已被施莱尔马赫与浪漫派解释学推向了一种"普遍的"理解（作为避免"误解"/2/）的错误的彻底性。我在其中看到了追求一个更好实在的错误理论。在这个范围内，我实际上是在为"精神科学的事实"（das Faktum der Geisteswissen-schaften）辩护——但却反对它本身！第323［346］页的上下文是想说，既不是语文学家也不是历史学家正确地理解了他们自己，因为他们忘记了"有限性"（Endlichkeit/finiteness）。我不相信一种向前—历史主义解释学（pra＝historischer Hermeneutik②）的返回，而宁愿相信其事实上的连续性，这一点只是被"历史"（Historie）掩盖罢了。

　　阐发这一被掩盖的实在（*Wirklichkeit*/reality）乃是一个理论上不可能的任务（您的来信第2页第3段），这一点我没太明白。无论如何，您强调每个解释的"偶缘的"（okkasionellen/occasional）③特点，在我看来并不

① 海德格尔将"存在的遗忘"与"存在的黑夜"等同起来了，后者是前者的比喻或修辞性的表达。不过，这里，伽达默尔并不承认他是以此为出发点的。——译注

② 对照上一封信第2页上施特劳斯使用的"pre-historicist hermeneutics"，这里的"pra＝historischer Hermeneutik"应为"pra-historischer Hermeneutik"。——注释

③ "okkasionellen/occasional"，这里的意思是"偶然性的"，"偶缘性的"，可引申为"视情况而定的"，"应时性的"，"非普遍划一的"。伽达默尔专门谈到过理解的"偶缘性"（Charakter der Okkasionalität），他说，"偶缘性指的是，意义是由其得以被意指的境遇（Gelegenheit）从内容上继续规定的，所以它比没有这种境遇要包含更多的东西。……这里最为关键的是，……这种偶缘性乃是作品本身要求的一部分，而不是由作品的解释者硬加给作品的"（引自伽达默尔：《诠释学I：真理与方法》，洪汉鼎译，商务印书馆，边码第149—150页。译文有改动）。可见，这里伽达默尔要表明的是他的哲学解释学并不否定，而是认可这种"偶缘性"或"偶然性"，并强调，这本身是普遍的，而非偶然的。此外，伽达默尔在另一处的一段话可以进一步帮助我们理解他此处的意思："通过文字固定下来的东西已经同它的起源和原作者的关联相脱离，并向新的关系积极地开放。像作者的意见或原来读者的理解这样的规范概念实际上只代表一种空位（eine leere Stelle），而这种空位需要不断地由具体理解场合所填补"（引自伽达默尔：《解释学I：真理与方法》，洪汉鼎译，商务印书馆2010年版，边码第399页）。这和他讲的理解的"偶缘性"，或"偶然性"，"应时性"有关，需要从现象学的角度去理解，也就是说，每一种理解都和理解者的特殊时代和语境相关，都带有特定的历史性，包括特定的目光、先见等，这些都属于理解的偶缘性，它也牵扯到下面讲的理解的"生产性"。——译注

构成对一个正好主张这一点的理论的指责，而毋宁说就是这个理论本身所预期的（因为您自己意指这一点恰恰是普遍的而非"偶然的"）①。

现在转到各个具体的评论。

[1]我不理解[您说的]"但我要争辩"。其实这正是我自己的论题！它仅为第二部分②所补充，在"历史意识"兴起之后，这一应用获得了一种特殊的形式，即"视域融合"（Horizontverschmelzung）的形式。这对柏拉图来说自然不存在！它只是历史意识的结果，人必须证明这一点：没有得到应用③，就不可能认识。

[2]这里我不相信您我之间有任何真正的差别："希望达到"④：毫无疑问！但您对我的论题的理解太过片面化了（zu partikular）。这也表现在第[3]点中，莱因哈特的解释除了有"代文本作传达"的一面外，还有另一面，五十年后人们会比今天更清楚地看到这另一面是什么。为什么他阐释这一点而非那一点、这样阐释而非那样阐释，他忽视了什么、过于强调了什么。正是这样一个使您和我都充满感激的、获得教益的、出色的、"值得称赞的"解释，凭借它把我们都表达出来了。/3/

[4]第321[344—345]页说到"人文主义者"（humanists）！以您提到的《尼各马可伦理学》与《利维坦》为例，需要思考的是一个复杂得多的过程，而不是"追随"。但我猜想（虽然我没有资格在这里发言），《利维坦》中也包含有一种值得追随的"真理"（而不仅是一种误导）。

[5]不，依我说，"经济学史家"就这一明察必须反思他自身。在这

----

① 这里说的意思是，理解的"偶缘性"本身是普遍的，而非偶然的。——译注

② 这里指的是伽达默尔《真理与方法》第 2 部分"真理问题扩大到精神科学里的理解问题"（边码第 177—384 页）。——译注

③ 这里的"应用"指的是伽达默尔《真理与方法》中所讲的"解释学的应用"，它指理解文本需要将它"应用"到理解者的解释学处境，而这个应用的过程，也就是两个不同时的视域达到"视域融合"的过程，即达到"同时性"的过程。在伽达默尔看来，没有这种"应用"，理解就不可能发生。它体现为一种效果历史意识。这里是针对施特劳斯对它的批评所讲的。——译注

④ 德文原文没有引号，本处引号是根据英译文加上的。——译注

里有其理解上的"生产性"(Produktivität)①。

第4页②,"基础":统治"历史主义与历史客观主义的理论"的难道不正是所谓对我们来说的第一性者(proteron pros hemas)吗？那么，对这一点进行纠正岂不正是方法论上的正确程序吗？然而，我们都拥有同样的我们在进行这些理论追问时所盯着的具体经验。为了说明非论题的效果历史③的现实性，我已经研究了解释语言的非论题的现实性(像所有言说一样，它并不用来指向其自身)。

第5页：是的，我相信，艺术概念在审美意识批判的应用中发生了相应的改变④，但我承认，您提到阿里斯托芬《云》包含着一些我本该看到的重要问题，我的"艺术理论"只是为我的解释学论题做准备的，所以可能很片面、不恰当。

第5—6页⑤：我无法理解您对"解释学本体论"(hermeneutischen Ontologie)所给出的灾难性的理由。正如导言⑥中所阐明的那样，我的看法刚好相反。我根本不相信，我们生活在两个世界"之间"。在这点上我既不追随海德格尔，也不追随布伯。我估计，只有已经看到了应许

①　在国内解释学界，通常将"Produktivität"这个词译成"创造性"，似不太妥。根据海德格尔—伽达默尔的现象学解释学(或解释学的现象学)反对主体论哲学或主观论哲学的倾向，理解不是创造，而是生产，它与真理的发生、以及存在意义与人的相遇分不开，是存在与人的相互作用的结果，虽然离不开人的活动"参与"，但不是由人所决定的，决不是人主观能创造出来的，用"创造性"过于突出了主观能动或意志的一面，而且也与原意不合，德文和英文都有专门的"创造"或"创造性"这个词，所以这里译成"生产性"，它与"复制性"(reproductivity)相对，也就说，这种"生产性"并不等于"复制性"。理解中，生产的要素是必不可少的，因为理解者不是类似一块被动接受的"白板"或机械反映的"镜子"，而是带着传统的历史存在，理解就是这种历史的存在去与文本相遇，它体现为一种发生的"事件"。——注释

②　这里的"第4页"，指施特劳斯致伽达默尔第1封信的页码，下同。——译注

③　这一段是针对施特劳斯的信对"效果历史"的批评。——译注

④　指"艺术"与"真理"相关联。这涉及伽达默尔《真理与方法》第1部分的内容。——注释

⑤　伽达默尔这里针对施特劳斯信讲的问题的页码有误，不是"第5—6页"，而应当是"第6—7页"。——译注

⑥　指伽达默尔《真理与方法》的"导言"。——译注

之地的先知才有可能说这样的话。——与之相反,我记得,我只知道这一个世界,而且是在所有的衰败中已丧失其明见性与凝聚力远比它自己相信的要少的世界。(注意,第339[363]页,"完满的经验",是这样的"完满",它与此有关:没有任何经验本身会受到独断论的阻隔,它是经验之终结的反面!)①。

抱歉,我这么快就讲完了。不过,作者的反应有其自身的法则。我本来要做的是完全不同的事:就您的工作向您表明,我的意思是什么——因为我想要纠正关于一种操作方法(Verfahren/procedure)的错误思想,而这种方法,在它成功的地方(即真正揭示了传统中的某些东西),本身是正确的,如果人们不把这一点当真,我就会被误解了②。

如果我添加下面的话,或许拙著的意图对您来说会变得更清楚些:针对海德格尔,几十年来我一直极力主张,即使他的"跳"(Satz/bound)或"跳跃"(Sprung/leap)到形而上学背后,也只有通过这一点本身才成为可能(=效果历史意识!)。我觉得,通过海德格尔我所理解到的(以及从我的新教背景③所能证明的)是,首先哲学必须学会不依靠一个无限理智的观念来应对,我已经尝试拟订出一个相应的解释学④。但我能做到这一点,只是通过——与海德格尔的意图正相反⑤——在这样一种解释学的意识中最终把我看到的一切

---

① 伽达默尔这里没有具体解释这个"完满的经验"。因为他觉得自己在《真理与方法》(中文本边码第363页)已讲得很清楚了,施特劳斯误解了他。——译注

② 这里伽达默尔表明,他在解释学领域反对方法主义,并不反对方法,方法自有它合理的存在。——译注

③ 伽达默尔这里承认他有新教背景。西方解释学哲学发展的主流与新教传统有关。——译注

④ 伽达默尔在《真理与方法》中有一段话可以帮助或补充此处的理解,他说,"解释学经验的普遍性在根本上并不接近于一个无限的精神,因为这种无限的精神把一切意义、*noēton*(一切所思想的东西)都从自身展现出来,并在对它自身的完全自我观照中思考一切可思考的对象。亚里士多德的神(以及黑格尔的精神)超越了作为有限存在之运动的'哲学'。柏拉图则说,神都不作哲学思考"(柏拉图《会饮篇》,204a)(参见伽达默尔:《诠释学I:真理与方法》,洪汉鼎译,商务印书馆2010年版,边码第490页。译文有改动)。——译注

⑤ 后期海德格尔几乎不再提"解释学",一如他不再提"现象学"一样。——译注

展示出来。我确信，我已经真正理解了后期海德格尔，即他的
"真理"。但我必须向自己"证明"它——借助于我自己的经验，
而这就是我所说的"解释学经验"（hermeneutishe Erfahrung/her-
meneutic experience）①。

对于您的两个请求：

[1]我已和克吕格夫妇谈过，他们同意了。不存在版权问题（杂志
上发表的文章/5/十年后，我相信，就没有版权了）。

[2]厄廷格尔，《论常识》（*De sensu communi*）②——一本您应该通
读的书，是我所看过的最重要的书之一。我准备[为它]出一个新版
（印数很小！）。这本书只在图宾根有。不过我可以找到那几页（具体
页码我不记得了）并复印下来（根据我的记忆，它只是"一般性地"提到
了夏夫兹博里③）。我该这样做吗？抑或您会听从我的建议通读全书？
（它批评莱布尼茨，站在牛顿一边）。

谨致亲切的问候，

您的

汉斯-格奥尔格·伽达默尔

3. 施特劳斯致伽达默尔

行为科学高级研究中心

Junipero Serra 大道 202 号

斯坦福，加利福尼亚，美国

---

① 伽达默尔一再强调他的解释学理论是对海德格尔前期思想和后期思想的融
合，而不只是停留于海德格尔思想的前期。——译注

② 伽达默尔对厄廷格尔多有提及，并写有论文《作为哲学家的厄廷格尔》，载伽
达默尔：《著作集》第 4 卷，《短篇著作集》第 3 卷；另参见伽达默尔：《真理与方法》，洪
汉鼎译，商务印书馆 2010 年版，边码第 24—36、489 页。——译注

③ 夏夫兹博里（Shaftesbury，1671—1713 年），英国伦理学家、美学家，对 18 世纪
的英国、法国和德国产生过很大的影响。——译注

汉斯—格奥尔格·伽达默尔教授

哲学系，

海德堡大学

德国

1961 年 5 月 14 日

亲爱的伽达默尔先生：

真抱歉拖这么久才给您回信，这确实是因额外杂事给耽搁了。

说我们之间的一个差别是您采取反海德格尔的立场而我则是站在他一边，那可真是怪事。我将以一种对您可能不太公正的方式陈述一下这个差别。我相信，您会不得不承认，在您的后—历史主义解释学（post‐historicist hermeneutics）与前—历史主义（传统的）解释学（pre‐historicist[traditional]hermeneutics）①之间有一个根本区别；提一下您关于艺术作品与语言的学说就足够了，至少按您的陈述无论如何都不是一种传统学说；如果是这样的话，那就有必要反思一下要求这种新解释学（new hermeneutics）的处境，即反思一下我们的处境；这种反思

---

①　施特劳斯在这里提到了两种解释学："后—历史主义解释学"和"前—历史主义的解释学"（这里的关键在对"后—历史主义"或"前—历史主义"的理解）。"后—历史主义解释学"这里是指历史主义产生之后的解释学，强调理解者理解的历史性、条件性，包括先理解或先见的作用，即自我理解，施特劳斯将海德格尔、伽达默尔的解释学划归到"后—历史主义的解释学"；而"前—历史主义解释学"是指在历史主义产生之前的解释学，它强调理解者可以超越自己的历史性达到对作者历史性原意的把握和恢复。根据施特劳斯，这一划界是以古代、中世纪和文艺复兴时期过后的西方 17 世纪末至 18 世纪初所发生的"古今之争"为标志的。施特劳斯反对他所谓的"后—历史主义的解释学"，向往并要复归"前—历史主义的解释学"。由这里引出解释学与历史主义的关系问题，它促使伽达默尔后来写了那篇类似"公开信"的著名长文——"解释学与历史主义"，他没有用"前—历史主义"和"后—历史主义"——这是施特劳斯的术语，而用的是"历史客观主义"（相当于"第一等级的历史主义"，尽管这个词并没有在伽达默尔的上下文中出现）和"第二等级的历史主义"，在他眼里，历史主义没有"前"和"后"的区分，只有等级上的区分，他把施特劳斯解释学归属到"历史客观主义"（也可说是"第一等级的历史主义"），而将海德格尔和他本人解释学归属到"第二等级的历史主义"，以作为对施特劳斯这封信的答复（参见下文）（另参见 Matthew Foster, *Gadamer and Practical Philosophy*, Scholars Press, Atlanta, 1991, pp. 91, 121）。——译注

必然会揭示一种彻底的危机,一种空前的危机,而这正是海德格尔的世界黑夜之临近所指的意思①。抑或您否认这样一种反思的必要性与可能性?您对这一至关重要问题的沉默与您未能回答我关于"相对主义"的评论之间②,我看有一种联系。

我同意您这样的说法:作为解释者,我们在实践上的一致远远大于在理论上表现出来的分歧③。但我仍然不能接受这样一种解释学理论:它并不比您的理论更强调恰当解释的支配因素,这种因素涉及如其所想的那样去理解别人的思想。我们这方面的差别,通过您的信的第3页第2段话(涉及我所举的经济史家与修昔底德的例子),对于我变得再清楚不过了:经济史家关于他自己(也就是关于经济史)所学到的东西,就是通过最细心地倾听修昔底德或彻底地返回到修昔底德所学到的东西。这个例子也显示出我们之间的根本差别:古今之争(la querelle des anciens et des modernes)④,在这场争论中,我们站在了不同的一边⑤;我们关于解释学的差别只不过是这个根本差别的一个后果。我相信,我们两人对这个问题都不完全清楚:所以我们更有理由继续努

①　施特劳斯这里将现代性的危机与历史主义的危机联系起来了,在他眼里,历史主义导向相对主义,他对现代性的批判主要集中于对历史主义的批判。——译注
②　对这个问题,伽达默尔在后来的《解释学与历史主义》中做了具体的回答。——译注
③　与施特劳斯一样,伽达默尔对古典文本的哲学解释也有很好的古典学背景,他在德国被誉为"半个古典语文学家",因此,在实际的经典文本诠释的过程中,他不大可能会忽视施特劳斯所强调的那些解经的基本要求,包括古典学、历史学的要求。故无论伽达默尔,还是施特劳斯都不否认,在实际的解经过程中,他们之间的差别很小,主要是在大的解释学原则上,两人有差别。——译注
④　"古今之争"也可译为"古代人与现代人的争论"。它的表述最早来自法文" la querelle des anciens et des modernes",因为这场运动最早产生于法国,然后扩展到整个欧洲,包括英国、意大利等,参见收入本书附录的拙作"解释学与'古今之争'"。——注释
⑤　这里,施特劳斯初步给他与伽达默尔这场争论作了定性:解释学的"古今之争"——认为他站在"前—历史主义学解释学"的立场上,而伽达默尔站在"后—历史主义解释学"的立场上。显然伽达默尔是不同意的,于是有了下面的长文——《解释学与历史主义》,以与之相对,间接表明他们之间的争论是一场解释学的"历史主义"之争。——译注

力向对方学习。我向您保证，我会这样做的。/2/

非常感谢您已同克吕格夫妇谈了［我的请求］。至于厄廷格尔，我很愿意听从您的建议通读他的全书，不过从您的信上看目前还无法得到这本书。您为它出的新版什么时候问世？我猜不会马上。但我现在急需他对夏夫兹博里的引证，所以需要一份他谈夏夫兹博里的那一页或那几页的复印件。我让我的学生韦尔纳·丹豪瑟为此事联系您，以尽量减少您劳心费神。

我要出版商给您寄去我的两本书，您可能还没看过。我认为它们证实了我的解释学"理论"，不过您的想法也许正相反。谨致最衷心的问候。

您忠实的，

列奥·施特劳斯①

---

① 针对施特劳斯第二封信，伽达默尔没有直接回复，而是将其公开化，这就是他首次发表在《哲学评论》(*philosophische Rundschan*)杂志（1961 年第 9 期）上的长文"解释学与历史主义"（"Hermeneutik und Historismus"），对施特劳斯的评论集中在此文的末尾，它可视为"对这里所提出的问题的公开回应"（编者）。这篇长文又作为"附录"被收入到 1965 年以后出版的《真理与方法》第 2 版至第 4 版（直接评论施特劳斯的页码为第 503—512 页）（第 5 版，即《著作集》版，第 2 卷，1986 年，边码第 387—424 页，亦即对应的中文版《诠释学 II：真理与方法》的边码，洪汉鼎译，商务印书馆 2010 年版）。据伽达默尔后来回忆，是施特劳斯中止了回信，并总是避免回应他（参见本书："伽达默尔论施特劳斯：一次访谈"）。——译注

解释学与历史主义[*]

（1965）

伽达默尔

以前,在对精神科学的基础作哲学思考时几乎不提解释学,解释学只是一门辅助学科,一种与文本对象打交道的规则汇集,其特点仅仅在于说明特殊文本的性质,例如圣经解释学。后来又产生了一门性质不同也称为解释学的辅助学科——法学解释学,它含有填补法律条文漏洞的规则,因而具有规范性。与之相反,包含在精神科学事实中的哲学中心问题则被看做认识论的——与自然科学以及它们由康德哲学所建立的根据相似。康德的《纯粹理性批判》业已证明在自然科学的经验知识中含有先天因素,所以需要做的是为历史科学的认识方式提供一个相应的理论证明。J.C.德罗伊森在他的《历史学》中设计了一个颇有影响的历史科学方法论,这种方法论完全针对的是相应的康德的任务,而 W.狄尔泰则要发展出一门对于历史学派来说是真正的哲学,他从一开始就自觉地将历史理性批判作为自己的任务来追求。就此而言,他自己的看法也是认识论的。我们知道,他将从自然科学强大影响

　　* 本文最初发表于作者与 H.库恩（Helmut Kuhn）主编的《哲学评论》（1961 年第9 期）上,后作为"附录"收入《真理与方法》第 2 版（1965 年）,以及后来的第 3 版、第 4版。本文译自《真理与方法》第 4 版,原文的注释保留了第 4 版,第 5 版增加的新内容用方括号"［　］"标出。

中纯化出来的"描述的和分析的"心理学视为所谓精神科学的认识论基础。然而,在执行这一任务的过程中,狄尔泰放弃了他原初的认识论起点,这表明,正是他将解释学引入到哲学的,虽然他从未完全放弃自己在心理学中一直追求的认识论基础。体验要通过内部意识来描述,所以在这里,构成康德探讨之基础的对它者即"非—我"(Nicht-Ich)的认识问题根本不存在,狄尔泰的这种观点是他在精神科学中试图建立的历史世界的基础,但是历史世界并不是这种体验关系(Erlebnis-zusammenhang),就像历史在自传中对主观的内在性表现出来的那样。历史关系最终必须被理解为完全超越个人体验视域的意义关系(Sin-nzusammenhang),它颇像一个巨大、陌生的文本,必须借助解释学对其进行破解,因此迫于这件事情,狄尔泰寻求从心理学过渡到解释学①。

在为精神科学提供解释学基础的努力的过程中,狄尔泰发现自己与当时试图将精神科学的基础建立在新康德派立场上的认识论学派形成鲜明的对立,也就是与由文德尔班和李凯尔特所发展的价值哲学形成鲜明的对立。认识论的主体对他来说似乎是一个苍白无血的抽象。不论他本人怎样为追求精神科学的客观性所激励,他也不能罔顾这样一个事实:认知主体,即理解着的历史学家并不是简单地与他的对象,即历史的生命(geschichtlichen Leben)相对立,而是他就被历史的生命这同一个运动所拥有。特别在狄尔泰后期,他愈来愈觉得唯心主义同一哲学的正确性,因为在唯心主义的精神概念中,所设想的主体和客体、"我"和"你"之间存在着同样的实质上的共同性②,正如在他自己的生命概念中也存在着这种共同性一样。格奥尔格·米施(Georg

---

① 关于这一部分可参看伽达默尔:《诠释学 I:真理与方法》,洪汉鼎译,商务印书馆 2010 年版,边码第 201—246 页。——译注

② 主要指康德二元论哲学之后的从费希特、经谢林到黑格尔的德国古典哲学朝同一哲学方向的发展,这种发展由主观唯心论走向客观唯心论,而这个方向与狄尔泰的生命哲学和生命解释学的追求相一致,与他对精神科学不同于自然科学的本质的把握相一致。——译注

Misch)①站在生命哲学的立场上针对胡塞尔和海德格尔所要机智敏锐辩护的东西②,显然和现象学一起分享了对天真的历史客观主义的批判,以及对其由西南德意志派的价值哲学提供的认识论证明的批判。尽管历史事实由价值关系来确立是显而易见的,但它根本未考虑历史的认识同历史的事件(Geschehen)交织在一起③。

这里让我们想起马克斯·韦伯遗留下来的纪念碑式的未竟之作,它于 1921 年首次以《经济与社会》(*Wirtschaft und Gesellschaft*)为标题出版,这部作品是他原计划撰写的一部《理解的社会学概论》(*Grundriß der verstehenden Soziologie*)④。这部为社会经济学概论做准备的社会学其中已得到相当详细阐述的那些部分涉及宗教社会学、法权社会学和音乐社会学,而对譬如国家社会学的探讨则很零碎。这里使我们感兴趣的首先是写于 1918 年至 1920 年的序言部分,现在被冠以"社会学的范畴理论"的标题。这是一篇令人印象深刻、建立在极端唯名论基础上的概念目录,此外——区别于作者 1913 年发表在《逻各斯》上的著名论文⑤——价值概念(因而对西南德意志的新康德主义的最终依赖)避免了。马克斯·韦伯将这种社会学称作"理解的"(verstehend),因为它将社会行动所指的意义作为对象。但是在社会—历史生活领域里"主观意指"(subjktiv gemeinte)的意义决不会只是个别行动者实际意指(tatsächlich gemeinte)的意义,因此,从概念上建构的纯粹类型("理

---

① 狄尔泰的学生和女婿,也是"狄尔泰学派"的重要成员。——译注

② G.米施:《生命哲学和现象学——狄尔泰学派与海德格尔及胡塞尔的争论》,载《哲学指南》(1929—1930 年),第 2 版,莱比锡,柏林,1931 年。

③ [1983 年,正值《精神科学导论》(《全集》第 18 卷和第 19 卷)两卷材料出版,使 W.狄尔泰重新进入到公众视野。参见我关于狄尔泰研究的近作,载我的《著作集》,第 4 卷]。

④ 这部遗著现在已重新安排了大量材料,由琼斯·温克尔曼编辑了第 4 版,它分为第 1 分卷和第 2 分卷,图宾根,1956 年[卷帙浩繁的马克斯·韦伯的《全集》考订版正在出版中]。

⑤ 参见马克斯·韦伯:《经济与社会》第 1 卷,阎克文译,上海世纪出版集团 2010 年版,第 91 页。——译注

想—类型的结构")作为解释学—方法论的补充概念便出现了。在马克斯·韦伯所谓的"理性主义的"基础上,建立起整座大厦——根据"价值无涉的"和中立的观念———座"客观的"科学的纪念碑式的边界堡垒,它通过分类体系维护其方法上的明确性并在内容上详加阐明的那些部分中,达到了对历史经验世界的一个宏观系统的概述。在这里,通过对方法论的艰苦探索,避免了真正陷入历史主义的困境。

但是解释学思考的进一步发展恰好是由历史主义的问题所支配的,而且是从狄尔泰出发的,他的著作集在 20 年代很快掩盖了恩斯特·特诺伊齐(Ernst Troeltsch)的影响。

狄尔泰与浪漫主义解释学的联系,这种解释学与黑格尔思辨哲学在当代的复兴相结合,引发了对历史客观主义的多方面批判(如约克伯爵、海德格尔、罗特哈克、贝蒂等)。

当被 19 世纪科学实证主义所遮蔽了的浪漫主义动机在科学内部再次发生影响时①,这在历史—语文学的研究中也留下了明显的痕迹。我们想到了由瓦尔特·弗·奥托(Walter F.Otto)、卡尔·凯亨伊(Karl Kerényi)等人借谢林的精神复兴的古代神话学问题。甚至像 J.J.巴霍芬(J.J.Bachofen)这样一位难以理解、沉溺于自己直觉的偏执狂中的研究者——其思想助长了现代的替代宗教(Ersatzreligionen)[这种替代宗教经过阿尔弗雷德·舒勒(Alfred Schuler)和路德维希·克拉格斯(Ludwig

① 对于现代历史科学中的自我反思——特别是关于英美和法国的历史研究,F. 瓦格纳在《现代历史学——关于历史学的哲学展望》(柏林,1960 年)中做了一个适当的概述,它表明,在任何地方,天真的客观主义已不再令人满意了,因此,人们承认需要从理论上超越单纯认识论的方法主义。[参见 K.-G.法贝尔《历史学的理论》(慕尼黑,1971 年)和 R.科塞赖克《已逝去的未来——关于历史时代的语义学》(法兰克福,1979 年)]。同样,W.霍费尔(Hofer)在题为《哲学与政治之间的历史——现代历史思想问题研究》(斯图加特,1956 年)的书中既包括有关兰克、F.梅赖克(Meinecke)和里特(Litt)的研究,也包括国家社会主义和布尔什维克主义将历史工具化就属于这种关系的研究,霍费尔力求说明这种日益增长的对政治关系的历史思维的反思的危险以及产生的可能性。这里首先还要指出 R.威特拉姆(Wittram)的《历史的兴趣》(梵登霍克小型系列丛书 59/60/61,哥廷根,1958 年),这些讲演录坚定地提出要超出单纯"正确性"的"历史中的真理"的问题,并在注释中,对新的文献,特别是一些重要杂志上的论文,给予了广泛的说明。

Klages)影响了诸如斯蒂芬·格奥尔格(Stefan George)这类人]——也重新赢得了科学的重视。1925年,巴霍芬的主要论文被编辑成系统的文集《东西方神话——古老世界的形而上学》出版,阿弗雷德·波伊姆勒(Alfred Baeumler)为它撰写了一篇雄辩而又意味深长的序言①。

倘若我们翻开德·弗里斯(de Vries)的科学史文集《神话学的研究史》②,也会获得同样的印象,即"历史主义的危机"如何在神话学的复兴中产生影响。德·弗里斯提供了一个视野广阔的杰出概要,并附有一个精选的阅读材料,这些材料虽然排除了宗教史,而且对年代顺序有时过于拘泥,有时又太忽视,但却对其现代的概貌作了很好的说明。值得注意的是,瓦尔特·弗·奥托和卡尔·凯亨伊被判定为认真对待神话这一崭新研究方向的先驱者而得到承认。

神话学只是许多例子之一,在这项具体的精神科学的研究中,我们可以在很多地方指出对一种幼稚方法论同样的背离,与之相应的是在哲学思考上对历史客观主义或实证主义的明确批判,这一转向在原始规范的各种观点与科学结合的地方变得尤为重要。神学和法学中的情

---

① 1956年,也就是30年以后,巴霍芬这部著作又出了一个影印的新版本(第2版,慕尼黑,1956年)。如果今天再次阅读此书,我们就会意识到,一方面当时它的新版确实很有成效,因为在这期间大量巴霍芬著作的评注版问世了;另一方面,我们读到鲍姆勒撰写的长篇序言时会产生一种奇异混合的心态:既钦佩又震惊。在这篇序言中,鲍姆勒通过重新强调德国浪漫派的历史,决定性地推进了人们对巴霍芬的精神史的理解。他在耶拿的美学浪漫派(他将这种浪漫派评价为18世纪的成果)和海德堡的宗教浪漫派(参见伽达默尔:《黑格尔与海德堡浪漫派》,载《黑格尔的辩证法》,1971年版,第71—81页)之间作出了鲜明的划分,他指出古莱斯最先提出这种划分,后者转向早期德国历史成了为1813年的民族起义做准备的因素之一。在这方面,鲍姆勒讲了许多正确的意见,而且正是由于这个原因,鲍姆勒的研究至今值得重视。当然,像巴霍芬本人一样,他的解释也在进入到同一个错误的科学领域的内心经验领域活动(正如弗兰兹·威亚克在其巴霍芬的书评中所正确讲到的那样,参见《日晷》(Gnomon),第28卷,1956年,第161—173页)。

② 姜·德·弗里斯(Jan de Vries):《神话学的研究史》,弗莱堡—慕尼黑,无出版日期。[还可参见F.舒普编辑的很有用的关于神话学起源的文集,以及伽达默尔和亨利希·弗里斯合著的《神话与科学》,载K.拉勒(和其他人合编)的《现代社会的基督教信仰》,弗莱堡,第2版,1981年,第8—38页。对于神话的解释学向度的令人印象深刻的证据乃是H.布鲁门伯格的书《神话研究》,法兰克福,1979年]。

况就如此。最近几十年的神学讨论已将解释学的问题推到了前台,因为它已不得不把历史神学的遗产同新的分裂了的神学—教义学的动机调和起来。卡尔·巴特关于《罗马书》的解释①意味着第一次革命性的突破②,是对自由神学的"批判",这种批判所针对的与其说是批判的历史本身,不如说是神学的满足,后者将神学的成果视为对《圣经》的理解。尽管巴特对方法论的反思不满,但他的《罗马书》③却是一种解释学的宣言④。如果说他对鲁道夫·布尔特曼⑤及其《新约》解神话化(Entmythologiserung)的主题很少认同,那么将他和布特尔曼分离开来的并不是事情的要求,相反,在我看来,是由于布尔特曼把历史—批判研究与神学注释相结合,以及方法的自我反思依赖于哲学(海德格尔),这就妨碍了巴特在布尔特曼的思路中重新认出自己。然而,不是简单地否认自由神学的遗产,而是要掌握它,这确实很有必要。目前神学内部的解释学问题的讨论——并不仅仅是解释学问题的讨论——是由不可分割的神学意图和批判的历史之间的争论规定的。有些人认为,面对这种情况对历史的问题需要重新加以辩护,而另一些人,正如奥特(Ott)⑥、艾贝林(Ebeling)⑦和富克斯(Fuchs)⑧的著作所表明的,很少像突出福音布

---

① 指卡尔·巴特的《〈罗马书〉释义》(参见中译本,魏育青译,华东师范大学出版社 2005 年版)。——译注
② 第 1 版,1919 年。
③ 指卡尔·巴特的《〈罗马书〉释义》。——注释
④ 参见 G.艾贝林:《上帝之言与解释学》,载《神学和教会杂志》,1959 年,第 228 页以下。
⑤ 布尔特曼(R.Bultmann,1884—1976 年),20 世纪西方最重要神学家之一,海德格尔的友人,伽达默尔的老师,基于辩证神学的立场提出了著名的"解神话化"(En-tmythologiserung)的解释学纲领。——译注
⑥ 奥特(Heinrich Ott),生于 1929 年,瑞士神学家,卡尔·巴特的学生,后接替巴特在巴塞尔大学的教席,他本人深受海德格尔后期思想的影响,并将它引入神学。——译注
⑦ 艾贝林(Gerhard Ebeling,1912—2001 年),布尔特曼的学生,也是布尔特曼学派的重要成员。瑞士苏黎世大学神学系教授,信义宗神学家、解释学神学的主要代表。——译注
⑧ 富克斯(Fuchs),布尔特曼的学生,也是布尔特曼学派的重要成员。——译注

道的"解释学的"辅助功能那样突出神学的研究性质。

如果有谁作为一个门外汉想对法律讨论范围内的解释学问题的发展发表看法,他不可能深入到单个的法学著作中,他会从总体上发现:法学(Jurisprudenz)①到处都远离所谓法律实证主义,并将法律的具体化在多大程度上表现为一个独立的法学问题看成是一个中心问题。对此库尔特·英吉希(Kurt Engisch,1953年)给出了全面的概括②,这个问题是在反击法律实证论的极端主义中凸显出来的,这从历史的眼光看也是可理解的,例如在弗兰兹·威亚克的《近代私法史》或卡尔·拉伦茨的《法学方法论》中就是如此③。所以,对历史客观主义或实证主义的批判如何赋予解释学方面一种新的意义,这总是出现在三个有解释学起作用的领域——历史—语文学、神学和法学中。

幸运的是,解释学问题的整个领域最近在一位意大利学者的重要著作中得到了详细和系统的梳理,这就是法学史家埃米利奥·贝蒂的巨著《一般解释理论》(*Teoria Generale della Interpretazione*)④,其主要观点也在一篇"解释学的宣言"——德文版的《一般解释理论基础》(*Zur Grundlegung einer allgemeinen Auslegungslehre*)⑤ 中做了发

---

① 注意,这里的"法学"用的是"Jurisprudenz",它相当于德文中的"Rechtswissenschaft",但"Jurisprudenz"这个词中的"-prudenz"与古希腊哲人讲的"实践智慧"相联系。它说明,法律包含普遍条文如何应用到具体的案件,这里面隐含同"实践智慧"的关系。——译注

② 《当代法律和法学中的具体化观念》,海德堡,1953年,载《海德堡科学院论文集(哲学—历史类)》,1953年,第1集;另参见他的新版《法学思想导论》,斯图加特,1956年,第520页。

③ [除了K.拉伦茨在其《方法论》第3版的有影响的阐述外,J.埃塞尔的论著也成了一种法学讨论的出发点。参见埃塞尔的《法律寻求中的前理解与方法选择:法官断案实践的理性保证》(法兰克福,1970年)和"我们这个世纪的法律寻求概念的变迁中的法学论证"(载《海德堡科学院论文集》,哲学—历史卷,1979年,第1卷),海德堡,1979年]。

④ 第2卷,米兰,1955年。德文版,1967年。

⑤ 《E.拉贝尔纪念文集》,第2卷,图宾根,1954年。

展①,对这一问题的立场进行了概述,这种概述无论就其视域的广度、令人印象至深的知识细节,还是其清晰系统的安排方面,都极为引人入胜。作为一位法学史家,也是一位法学教师,作为克罗齐和金蒂尔(Gentile)的同胞,他还精通伟大的德国哲学,能说并能写出十分完美的德语,他终归避免了幼稚的历史客观主义的危险。他懂得吸收解释学思考的全部伟大成果,这些成果是自威廉·冯·洪堡和施莱尔马赫以来通过锲而不舍的努力才成熟起来的。

与贝尼季托·克罗齐的极端立场形成鲜明的对立,贝蒂在一切理解的客观和主观的因素之间寻觅出一条中道,他阐述了解释学原则的一整套准则②,在这套准则中居于首位的是文本的意义自主性(Sinnautonomie),根据它,意义,即作者的意思要从文本自身获得。但是,他也坚决强调理解的现实性原则,更确切地说,是理解同对象相适应,他发现,解释者的立场束缚性(Standortgebundenheit)是解释真理中一个综合因素。

作为法学家,他也避免过高估计主观意见,如导致构成法律内容的历史偶然性,并避免完全将其与法律意义等同起来;但另一方面,他仍然追随施莱尔马赫创立的"心理解释"(psychologischen Interpretation),以至于他的解释学立场一再陷入模糊的危险。无论他怎样力图克服这

① 埃米里奥·贝蒂(1890—1968 年),意大利法学家、法学解释学家,是当代方法论解释学最著名、最典型的代表。他主要继承和发展了施莱尔马赫、狄尔泰的浪漫主义传统,是当代方法论解释学的集大成者。他的可贵之处在于,根据施莱尔马赫、狄尔泰所提出的解释学方法论的指导原则,进一步总结、完善了解释学方法论原则体系,使其更具可操作性,它集中反映在贝蒂 1955 年完成的巨著《作为精神科学方法论的解释理论》(它比伽达默尔《真理与方法》出版早 5 年),后由意大利文译成德文,产生了很大的影响,由于篇幅过大,后来作者出了简写本《作为精神科学一般方法论的解释学》,它是前者的钩玄提要(参见洪汉鼎主编:《理解与解释——诠释学经典文选》,东方出版社 2001 年版,第 124—168 页)。——译注

② 贝蒂提出了解释学的四条方法论原则:1.自主性原则;2.融贯性原则;3.现实性原则;4.符合性原则。前两个原则主要针对客体,后两个原则主要针对主体。其中"自主性原则"置于首位。参见埃米里奥·贝蒂:《作为精神科学一般方法论的解释学》,载洪汉鼎主编:《理解与解释》,东方出版社 2001 年版,第 130—161页。——译注

种心理学的狭隘,并将其看做以重构价值和意义内容的精神关联为使命的,他也只能通过一种类似的心理解释(psychologischen Auslegung)来为这一真正的解释学使命奠基。

他这样写道,理解是意义的再认识(Wiedererkennen)和重构(Nachkonstruieren),并这样来解释这个说法:"因此是对通过客观化形式向思维着的精神说话的精神的再认识和重构,这个说话的精神感到自己与那个思维的精神在共同的人性方面相近:这是一种对它们由之产生而后又与之分离的那个内在整体的回溯(Zurückführen)、会合(Zusammenführen)与重新结合(Wiederverbinden),这是一个形式的内在化;当然在这一内在化的过程中,它们的内容被转入到一个与原初的主观性不同的主观性之中。因此,我们所讨论的是在解释过程中对创造过程的一种倒转(Inversion),按照这种倒转,解释者在其解释学的道路上必须经历相反方向的创造之路,他必须在自己的内心对这种创造之路进行思索(Nachdenken)"(第93页以下)。在这点上,贝蒂步施莱尔马赫、伯克、克罗齐以及其他人之后尘①。奇怪的是,他想要通过这种带有浪漫主义印记的严格的心理主义来确保理解的"客观性",他认为这种客观性受到所有那些将意思的主观性的回溯看成是错误的海德格尔的追随者们的威胁。

在同我的争论中(这种争论在德国也多次上演)②,他从我这里看到的只是语义含糊和概念混乱。这类事情通常表明,批评者把作者与他并未想过的问题扯到一起。在我看来,这里的情况就是如此。我的书③在他心里引起了对解释的科学性的担忧,我曾在一封私人信件中向他保证,这种担忧没有必要,他在自己的论文中从这封信里很坦诚地引录了下面一段话:

------

① 参见"宣言"注19以及第147页。
② E.贝蒂:《历史解释学与理解的历史性》,载《法学专科年鉴》,第 XVI 卷,巴里,1961年,以及《作为精神科学一般方法论的解释学》,图宾根,1962年。
③ 指伽达默尔的《真理与方法》。——译注

从根本上讲，我并不是要提出任何方法（*Keine Methode*），而是要描述什么存在着（*Was ist*）。它正如我所描述的那样，我想这是一个严肃的人无法否认的……，例如，当您读一篇莫姆森（Mommsen）的古典研究论文时，您也会马上明白，它只有在什么时候才写得出来。甚至一位掌握历史方法的大师也不能使自己完全摆脱时代、社会环境、民族立场等等给他造成的前见（Vorurteil）①。那么这难道应该是一个缺陷吗？即便如此，我也要把它看做一项哲学任务，去思考一下为什么这种缺陷在成就一件事情的地方总是存在，换句话说，我仅仅视为科学的就是去承认什么存在着（*anzuerkennen，Was ist*），而不是从什么应当存在或什么可能存在出发。在这种意义上，我试图超越现代科学的方法概念（这个概念有其一定的合理性）去思考，并以原则的普遍性去思考，什么总是发生（*geschieht*）②。

但贝蒂对此说些什么呢？他说我这样就把解释学的问题局限于一个事实问题（quaestio facti）（"现象学地"、"描述性地"），而根本不提它的法权问题（quaestio iuris），仿佛康德提出纯粹自然科学的法权问题（quaestio iuris）是想要规定它本来应当如何，而不是想证明它已如何的那种先验同一的可能性似的。在康德的这种区分的意义上，由此出发的超越精神科学方法概念的思考，如我的著作所企图达到的那样，也就是提出追问精神科学"可能性"的问题（而这绝对不是说：它们本来应当如何！）。这位有贡献的学者在此被一种奇怪的对现象学的反感搞糊涂了，他只能把解释学的问题设想为方法的问题，说明他已深深地陷入有待克服的主观主义之中了。

----

① "Vorurteil"这个词经过启蒙运动后，具有贬义，通常译作"成见"、"偏见"，而伽达默尔想回到这个词在启蒙运动之前的中性意义，所以应译成"前见"。——译注

② 对这段话可以参看伽达默尔在《真理与方法》第 2 版"序言"中那句著名的表述："问题不是我们做什么，也不是我们应当做什么，而是什么东西超越我们的愿望和行动与我们一起发生"（载伽达默尔：《诠释学 II：真理与方法》，洪汉鼎译，商务印书馆2010 年版，边码第 438 页。译文有改动）。——译注

显然,我没能成功地说服贝蒂相信这一点:一种哲学的解释学理论决不是一种——不论是正确的还是错误的("危险的")——方法论。当波尔劳(Bollnow)①称理解为一种"本质上是创造性的行为"时,这可能是误解——尽管贝蒂本人毫不犹豫地这样来评定法律解释对于法律补充的作用。但是毫无疑问,借鉴天才论美学,像贝蒂本人所做的那样,是不够的。通过一种倒转(Inversion)的理论并不能真正克服心理学的狭隘,他本人(追随德罗伊森)是正确地认识到了这种狭隘的,所以,他并没有完全超越狄尔泰在心理学和解释学之间所具有的那种含混性。当他为了解释精神科学理解的可能性而须预先假定只有同等水平的一个精神才能理解另一个精神时,这种心理学—解释学的意义双关性显然是不能令人满意的②。

　　即使我们完全清楚心理的特殊性和历史的意义之间的区别,我们仍然很难找到从心理学的狭隘向历史解释学的过渡。对于这项任务,德罗伊森已经非常清楚了(《历史学》第41节),但到目前为止,这个过渡似乎只是在黑格尔的绝对精神对主观精神和客观精神的辩证调解中才真正确立根据。

　　甚至在非常接近黑格尔思想的人那里,如深受克罗齐影响的 R.C.科林伍德,我们也能察觉到这一点。我们手头有两部德译本的科林伍德著作:他的自传(原作取得巨大成功之后,在德国以《思想》为标题出版)③和他的遗著《历史的观念》,德译本书名是《历史哲学》④。

　　我曾在德文版序言中,对这部自传发表过一些意见,这里就不再重复了。那部遗著包含从古代到当代的历史描述的历史⑤,以克罗齐结

---

　　①　狄尔泰的学生,也是狄尔泰学派的重要成员。——译注

　　②　另参见贝蒂的论文,载《基础研究》1959 年第 12 期,第 87 页,F.威亚克新近在其笔记……(同上,第 390 页)中毫无顾虑地表示赞同此文……(同上,390 页)。[贝蒂的巨大贡献以及我对他的批评已在我的论文《埃米利奥·贝蒂与唯心主义遗产》(载《佛罗伦萨季刊》1978 年第 7 期,第 5—11 页)中重新进行了论述]。

　　③　由伽达默尔作序,斯图加特,1955 年。

　　④　斯图加特,1955 年。

　　⑤　指科林伍德的《历史的观念》(中文版参见何兆武、张文杰译,中国社会科学出版社 1986 年版)。——译注

尾引人注目,第五部分则有他自己的理论探索。我将自己的讨论限制在最后一部分,因为有关历史的章节即便在这里也像往常一样终归要受到民族思维传统的支配以至于无法沟通,譬如,对一个德国读者来说,关于威廉·狄尔泰这一章就相当令人失望:

"狄尔泰遇到文德尔班和其他人由于切入疑难(Problem)不够深入而没有认识到的问题(Frage):即如何才可能有一种不同于直接经验的个体知识。他对这个问题的回答是断定不可能有这样一种知识,并退回到实证主义的信念中,即认为一般(知识的固有对象)只有借助于自然科学或建立在自然主义原则之上的其他科学才能被认识。这样,他最终像他那一代其他人一样,很少能成功逃脱实证主义思想的影响。"(第184页)。这段判断中真实的东西,由于科林伍德在这里为它提供的理由而变得几乎面目全非了。

系统历史知识的理论核心无疑是对过去经验再经历(Nachvorzug)[重演(Re-enactment)]的学说。科林伍德凭借这点站在那些反对"所谓实证主义对历史概念的解释或者不如说是误解"的那些人的前列。历史学家的真正任务就是"深入到他们所研究的历史人物行为背后的思想中"(第239页),德译本极难正确地确定科林伍德在这里"思想"(Denken)的含义。显然德文"行动"(Akt)这个概念与英文作者的意思完全不同,重演那些行动的个人(或许还有思想家)的思想对科林伍德说来并不是指真正去重演这些人物实在的心理活动,而是指他们的思想,即本身能在反思中被重新思考的东西。甚至思想这个概念也应该完全包括所谓"一个团体或一个时代的共同精神"(不幸的是译者将这个词译成了"群体精神")(第230页)。但是当科林伍德把传记之类的东西视为是反历史的(因为它不是以"思想"为基础,而是以自然过程为基础)时,"思想"这个词显示出多么非同寻常的自身活力(eigenlebendig)啊!"这一基础——即一个人的肉体生命,包括其生命此在的童年、成年和老年,他的疾病和他的全部经历中一切其他的变迁——被(自己的和他人的)思想从四面冲刷着,环绕而过,毫无规则,全然不顾及它的结构,就像被海水冲刷着一支搁浅的废船一样。"①

　　谁真正拥有这样一种"思想"呢? 什么是适合于我们透视其思想的历史承担者呢? 思想就是一个人用行动追求的那个确定的意图吗? 看来这就是科林伍德的意思②:"假如没有这样一个前提条件,那么就不可能有他的行动史……"(第 324 页)。但对这些意图的重构(Rekonstruieren)真的就是对历史的理解吗? 这里我们可以看到科林伍德是如何违背他的意图而陷入心理学的特殊性中去的。没有一种"世界精神的承担者"的理论,即没有黑格尔,他是不可能找到出路的。

　　也许科林伍德不乐意听到这一点,因为所有的历史形而上学,连黑格尔的历史哲学对他仿佛不过是分类体系(第 276 页),没有任何真正历史的真理价值。此外,我不太清楚他的激进的历史主义论点如何同他的重演论相一致,因为另一方面他看到(而我相信这是对的),历史学家本身就是自己正在研究的那个历史过程的一部分,并且是只能从他自己在其中当下所采取的立场出发才能加以考察的历史过程的一部分(第 260 页)。科林伍德以柏拉图在《泰阿泰德篇》中对感觉论的批判为例,说明这种辩护,这同对传统"思想"的重演的辩护如何相一致呢? 在我看来,这个例子恐怕是错误的,它的证明恰恰相反。

　　倘若柏拉图在《泰阿泰德篇》中提出了知识不过是感官知觉这个论点的话,那么我作为一个今天的读者就无法根据科林伍德看出引导他达到这一论点的关联。在我的精神中,这方面的关联是一个不同的关联,即:从现代感觉论中产生出来的讨论。但既然我们涉及的是一个"思想",这就没什么要紧了。思想可以置于不同的关联中,而不丧失其自身的同一性(第 315 页)。这里我们想起了科林伍德在他自己的"问答逻辑"(Logic of question and answer)中对牛津学派的陈述—讨论的批判(《思想》,第 30—43 页)。难道我们不是在真正把握了柏拉图的前后关

---

　　① 参见柯林伍德:《历史的观念》,何兆武、张文杰译,中国社会科学出版社 1986 年版,第 344 页。——译注

　　② 参见本书第 1 卷,第 375 页以下。

联(就是与数学明证理论的关联,我认为,这一理论对数学的智性存在方式仍不太清楚)①之后,才能成功地重演他的真实思想吗? 如果我们不明确地将现代感觉论的先入之见悬置起来,我们能领会这一关联吗?②

换句话说,科林伍德的重演论虽然避免了心理学的个别性,但是他却未能觉察到贯穿于一切理解中的解释学的中介之维。

属于对历史客观主义的批判方面,还应特别提到埃里希·罗特哈克(Erich Rothacker)③的著作。尤其是在其后期著作《精神科学中的教义学的思想形式与历史主义问题》④中,他继续自己早期的思想;这些思想坚持狄尔泰的解释学关切,(类似汉斯·弗雷格在《客观精神理论》中所做的那样)反对一切心理主义。教义学的思想形式这个概念完全被视为一个解释学的概念⑤。如果教义学(Dogmatik)⑥突出强调一个意义域统一规定内在固有的事情关联,那么它就应被当做精神科学知识的一个生产性的(produktiv)方法来加以捍卫。罗特哈克依据的是:教义学概念在神学中如同在法学中一样决不只具有批判—贬低的

---

① [这可参见我的论文"柏拉图的数学与辩证法"(删节稿),载《C.F.冯·魏茨泽克纪念文集》,慕尼黑,1982年,第229—240页;也可参见我的著作集,第7卷(全文)]

② 我想起 H.朗格贝克的论文 *ΔΟΞΙΣΕΠΙΡΥΣΜΙΗ*("流行的意见")(载《新哲学探究》1934年第11期)在认识上的巨大推进,尽管 E.卡普斯在《日晷》(*Gnomon*)(1935年)上对它作了尖锐的批判,但我们还是不应忽视的。[还可参见我的评论,目前已收入我的《著作集》,第5卷,第341页以下]。

③ 德国历史哲学家,与前面提到的米施、波尔劳一样,属于狄尔泰学派的成员。——译注

④ 《科学与文学院类的精神科学与社会科学论文集》,第6卷,美因兹,1954年。

⑤ 罗特哈克完全清楚将意义的解释学问题从"意图"——亦即一个文本的"主观意见"——的所有心理学研究中分离开来的必要性,这在他的论文《意义与事件》(载《意义与存在:一次哲学讨论会文集》,1960年)中也可以看出来。

⑥ 这里"Dogmatik"(教义学)有罗特哈克赋予它的特殊意义,不限于基督教神学的教义学,也不是一般所谓的"独断论"或"教条主义",它不带贬义,所指的是在历史过程中形成和发展起来的系统化学说,体现为一种意义的关联。它也是对狄尔泰生命哲学和生命解释学强调的"意义关联整体"思想在精神科学领域里的发挥。教义学与系统神学及解释学的关联,可参看艾贝林:《神学研究》,李秋零译,中国人民大学出版社2003年版,第161页以下,以及赫伯特·施奈德尔巴赫:《黑格尔之后的历史哲学——历史主义问题》,励洁丹译,浙江大学出版社2014年版,第9页以下。——译注

含义。但与这些系统化的学科不同,这里的教义学概念不应当简单地作为系统化知识,即哲学的同义语,而是指面对试图认识发展的历史提问而要给予辩护的"另一种态度"。但这样一来,教义学概念从根本上讲在他的历史总体内部就有了它的地位,并由此获得了相对的正当性。最后,这就是狄尔泰的结构关联(Sturkturzusammhang)概念一般表达过的东西在历史方法论上的特殊运用。

只有在进行历史思考和认识的地方,这样一种教义学才有它的修正功能,也许是自从有了法学史才有了罗马法的教义学,只有在历史研究从希腊神话中产生出宗教史和传说史的部分知识的多样性之后,瓦尔特·弗·奥托的《希腊诸神》才有可能,如果说沃尔夫林①的"古典艺术"——有别于他的"艺术史的基本概念"——被罗特哈克说成是教义学,那么这样的特征在我看来也只是相对的。巴洛克美学、尤其是矫饰主义(Manierismus)②的对立面从一开始就是这个"教义学"的隐秘关键点(Konstruktionspunkt),不过也就是说,从一开始它并不像历史上被认为的那样很少得到相信和了解。

所以,在这种意义上,教义学其实就是我们历史认识的一个要素。当罗特哈克强调,这个要素是"我们精神知识的唯一源泉"(第 25 页)时,值得称赞。在他看来,这种教义学表现为一种全面的意义关联,我们必须贯彻这种意义关联并认为它是有说服力的。如果我们真的想理解它,至少我们会发现,它是"真的",这一点并非不可能。当然,正如罗特哈克所阐明的那样,多数这样的教义学体系或风格的问题就会提出来,而这就是历史主义的问题。

罗特哈克表明自己是一位历史主义热情的辩护者。狄尔泰曾试图

---

① 沃尔夫林(1864—1945 年),瑞士著名美术史论家,西方艺术科学的创始人之一,他的老师是著名的《意大利文艺复兴时期的文化》的作者雅各布·布克哈特,沃尔夫林的代表作有《古典艺术》《艺术史的基本原理》(又译为《艺术风格学:美术史的基本概念》)。——译注

② "Manierismus"通常译作"矫饰主义"或"矫饰派",它是西方美术史上的一个流派,介于文艺复兴和巴洛克风格之间,在欧洲的绘画、雕塑、建筑上所呈现的一种风格,特别是在意大利,其时期大约在 1520 年至 1600 年之间。——译注

通过把不同的世界观归结到生命的多样性来消除历史主义的危险,罗特哈克在这方面追随他:通过将那些教义学的体系说成是对已存在过的世界观或风格倾向的解释,并将这些解释归结为行动的人及其观点的直观制约性,由此,它们都获得了其观点上的无可辩驳性(第35页)。在应用于科学时,这就意味着相对主义并不具有无限的权势,而是有其明显的限度,它不能危及研究固有的"客观性"。它的出发点是科学探索的可变性和自由性,这种可变性和自由性就是由存在过的世界观的那些可变的意义指向(Bedeutsamkeitsrichtung)造成的。根据这种观点,一旦我们承认这样一种思想,即可以有一种不同的认识自然的方式,那么现代科学本身就可以被看做是一种量化观点的教义学(第53页)①。

法律解释学属于一般解释学的问题范围,这决不是理所当然的。在它里面,本来确实不像在语文学和圣经解释学那样,涉及方法特性,而是涉及一种辅助性的法律原则本身。它的任务不是理解有效的法律原理,而是找到正当性(Recht),也就是说,要这样来解释法律:使得法制秩序完全渗透到现实中。由于解释在这里具有一种规范作用,所以,它就被(例如贝蒂)完全与语文学的解释分离开来,并且与以法律上的自然(宪法、法律条文之类)为对象的历史理解分离开来。在法律的意义上,解释法律就是法律创造的活动,这本是无可争议的。在这种活动中,运用各种原则,例如类比原则或弥补法律漏洞的原则,或最终植根于法律判决本身、因而依赖于诉讼案件的创造性原则,并非只表现为方法论的问题,而是要深入到法律内容本身②。

---

① 我不清楚,为何罗特哈克引证海德格尔的存在论差别而不是现象学与新康德主义共同具有的先验的先天论(transzendentalen Apriorismus)来说明这种意义指向的先前性(先天性)。

② 如果我们看到卡尔·拉伦兹为大学生撰写的教科书《法学方法论》(柏林,1961年),它所提供的卓越的历史和系统的概述就会向我们表明,这一方法论到处都要对悬而未决的法律问题发表意见,因而它是一种法学教义学的辅助学科,它与我们相关的意义就在于此。[目前这本《方法论》已出了第3版,并包含关于哲学解释学在内的广泛讨论。另参见 G.查卡尼亚(Zaccaria)内容丰富的专著《解释学与法学》(米兰,1984年),这本书用两卷本阐述了我的理论基础和J.埃塞尔的法学应用]。

显然,法律解释学确实不能满足于把立法者的意见和原初意图的主观原则作为解释准则。它经常不得不运用客观概念,例如表达在法律中的法律思想的客观概念。如果我们将法律运用于具体情况设想为将个别隶属于一般的逻辑过程,这纯粹是一个外行的想法。

法律实证主义想把法律的实在性完全限于已制定的法律及其正确运用,这在今天已不再有什么支持者了。显然,法律的一般性和个别案件中的特殊情况之间的距离本质上是不可消除的。人们在理想的教义学中,把具体情况的法律的创造性力量当作预先确定的演绎力量——这意味着可以设想一种至少潜在地完全把一切可能的法律真理包含于一个连贯体系中的教义学——是不够的,这种完美的教义论"观念"也是荒谬的,这还完全不算案件的法律创造力量实际上总是为新的法律的编纂做准备。在这一事实中值得注意的是:即使社会关系没有任何变化,或现实也未发生任何其他历史的改变,因而并未使现行有效的法律显得过时或不再适宜,在法律和案件的距离之间进行调解的解释学任务也依然存在。法律和案件的距离看来是绝对不可消除的。因此,解释学问题就从历史层面的考虑中脱离出来。要为具体情况留下游戏空间(Spielraum),以便人们能根据这种游戏空间的观念,降低任何随意的尺度,这不是法律编纂过程中不可避免的不完善,毋宁说这种情况似乎就存在于法规本身、甚至存在于所有法律秩序的意义中,它以"弹性的"方式,让这样一个游戏空间存在。

如果我没有弄错的话,亚里士多德已经清楚地看到了这一点,因为他不承认自然法观念的实证—独断作用,只承认它的批判作用。人们一直都感到惊讶的是(如果不是由于对亚里士多德文本的误解而干脆否认它的话),亚里士多德虽然区分了习惯法和自然法,但却宣称自然法也是可以改变的①。

---

① 亚里士多德:《尼各马可伦理学》,第 10 卷,1134b27 以下。

自然法和制定法①并不是"在同样程度上可变的"。相反,通过观察可比较的现象就能说明,自然法也是可变的,但并不因此就不再和单纯的制定法有所区别,例如,交通规则显然同被当作适用于自然的法律的可变程度不一样,而是比它要大得多。亚里士多德无意削弱这种观点,而是要解释自然法在变幻无常的人的世界(区别于神的世界)中如何才能被突出出来。所以他说,尽管自然法或习惯法都具有可变性,但这一规定是同样清楚的,并且适用于区别两者,正如人的左右手区别一样,右手天生就比左手有力些,而这种自然优势不能看成是固定不变的,因为在一定的范围内,它可通过训练另一只手而被消除②。

"在一定的范围内"也就是在一定的游戏空间内。显然留下这一游戏空间取消法律秩序的意义如此之少,以至于毋宁说它本质上属于事情的本性:"法律是一般的,正因此并不能适应每一具体案件。"③事情也不取决于法律的编纂,相反,从根本上讲,法律的编纂乃因为法律自身并根据其本质是一般的才是可能的。

也许我们必须在这里追问,解释学和书写的内在关联是否同样必

---

① 也可译作"成文法",指国家机关依照一定程序制定和颁布的、表现为条文形式的规范性法律文件。——译注

② 这段话曾被 L. 施特劳斯根据可能从犹太传统中熟悉的极端的处境理论讨论过(《自然法与历史》,由 G. 莱布霍尔茨作序,斯图加特,1956 年),H. 库恩(《政治学杂志》新系列之三,1956 年第 4 期,第 289 页以下,另参见我的《著作集》,第 2 卷,第 302 页以下)曾试图对此持某种批判立场,将亚里士多德的著作按照 H.H. 约阿西姆的方式来编排,使得亚里士多德似乎根本没有不受限制地断言自然法的可变性。实际上,在我看来,只要我们不把引起争论的"同样地"这个词与自然法和习惯法的可变性联系起来,而是同下面这个词"明显的"(delon)联系起来,那么这句话(1134b32—33)马上就顺理成章了。最近,W. 布吕克(Bröcker)在《亚里士多德》中(第 3 版,第 301 页以下)对这一讨论也发表了看法,但我认为,他陷入一种诡辩,因为他在"自然法和实证法冲突的案例"中,把实证法的有效性作为亚里士多德的观点来捍卫。当然,当克里翁"取消"自然法的时候,它是"有效的",但不是"正当的"。而问题在于:超越"实证的"合法性,并根据它对有效性的绝对要求来承认自然法的权威,在自然法的面前,"有效的"是"不正当的",这是否完全有意义。我曾试图指出,有这样一个权威存在,但它只作为批判性的存在。

③ 库恩,同上,第 299 页。

须被判定为次要的关联①。并非书写本身使思想产生解释的需要,而是这种思想的语言性,即意义的一般性,才使书写作为其结果而成为可能。编纂的法律和通过书写流传下来的文本都指向某种更深的关联,这种关联,正如我相信我已指明的那样,涉及理解和应用的关系。对此,亚里士多德就是最好的证明人,这没有什么奇怪的。他对柏拉图善的理念的批判,在我看来,就是他自己整个哲学的根本的生长点。这个哲学包含对柏拉图善的理念论——至少根据柏拉图对话的描述——所暗含的那样一种一般与特殊关系的彻底修正,却并不因此而成为"唯名论"②。

然而,这并不排除在一般和具体这种根本的距离之上再加进历史的距离,并展开某种特有的解释学的生产性(hermeneutische Produktivität)。

我不敢断定,这是否在下面的意义上也适用于法律解释学,即一种由于事物的变化使得产生需要解释的法律秩序(如借用类推原则)真正对更公正地运用法律有所贡献——也就是说,对引导这种公正感(Rechtsgefühl)的解释变得精细起来有所贡献。无论如何在其他领域,事情也是清楚的。毫无疑问,历史事件的"意义"或艺术作品的品位是在时间距离中变得越来越明朗的。

---

① [目前可参见我的论文"走向文字?",载 A.阿斯曼—J.阿斯曼出版的《文字与回忆》,1983 年,第 10—19 页;还可参见我的《著作集》,第 7 卷,第 258—269 页]。

② 参见 J.里特(Ritter)关于"亚里士多德的自然法"的出色研究(《共和国》,第 6 期,1961 年),它广博地论证了为什么在亚里士多德那里不可能存在独断的自然法——因为自然完全决定整个人类世界,从而也决定法律制度。里特是否接受了我于 1960 年 10 月在汉堡所讲的文本校订,尚不清楚(第 28 页),特别是因为他不加批判限制地引用了 H.H.约阿金姆关于这一章的论述(注 14)。但就这件事情来讲,他与我的理解是一致的(参见我的《著作集》,第 1 卷,第 324 页以下),与之一致(W.布吕克似乎亦如此,他也翻译了这段话,同上书,第 302 页,然而没有接受我的考订),并极富启发性地展示了亚里士多德"政治"哲学和"实践"哲学的形而上学背景。[现在我已详细论述了只有很细心才能感觉到的东西,参见"柏拉图—亚里士多德善的观念"(载《海德堡科学院会议论文集》,哲学—历史类,第 3 卷),海德堡,1978 年。我根本怀疑,柏拉图会像亚里士多德所批判的那样去设想善的理念。该文也发表在我的《著作集》,第 7 卷,第 128—227 页]。

当今对解释学问题的讨论可能在任何地方都不像在新教神学领域中那么活跃。同法律解释学相似,这里无疑在某种意义上也涉及超越科学的兴趣,具体来说就是对信仰及其正确传达的兴趣。结果,解释学的探讨同圣经注释和教义问题交织在了一起,对这些问题,外行不能发表任何意见。但是,正如法律解释学那样,在这里,这种情况的优点也是很明显的:不能将每次要理解的文本"意义"限于作者想象的意见。卡尔·巴特的巨著《教会教义学》①对解释学问题的贡献明确之处没有,而间接之处无处不在。在鲁道夫·布尔特曼那里情况则有所不同,对于后者,方法论的讨论很彻底,并且在其《文集》中,多次明确地对解释学的问题发表看法②。然而,在他那里,问题的重点仍是固有的神学方面,其意义不仅在于他的注释工作表现了其解释学原理的经验基础和应用领域,而且首先还在于当今重要的神学争论对象,即《新约》的"解神话化"(Entmythologisierung)的问题,更多由教义学的冲突贯彻下来,而不适合作方法论的思考。我相信解神话化的原则具有一个纯解释学方面的内容。根据布尔特曼,不应该用关于解神话化的纲领去预先断定这类教义问题,例如《圣经》里有多少内容对基督教宣道来说、从而对信仰来说是本质性的,什么是可以牺牲的;相反它涉及基督教宣道本身的理解问题,涉及如果宣道要得到"理解"就必须在其中来理解的"意义"问题。也许,甚至能肯定地说,在《新约》中可以比布尔特曼已理解的理解得"更多",但我们只有通过将这个"更多"理解为好,即——真正地理解,这才会出现。

历史的圣经批判及其科学的阐释在 18 和 19 世纪已创造了一种氛围,这种氛围要求在科学的文本理解的一般原理和基督教信仰的自我理解的特殊任务之间不断进行新的调和,回顾一下这种努力调和的历

---

① 参见 H.库恩对这部著作的一个重要方面的评价,载《哲学评论》第 2 期,第 144—152 页,以及第 4 期,第 182—191 页。

② 参见布尔特曼《信仰与理解》,第 2 卷,第 211 页及以下,第 3 卷,第 107 页以下,以及《历史与末世论》,第 8 章;另参见 H.布鲁门伯格的论文,载《哲学评论》,第 2 期,第 121—140 页。[还可参见 G.波恩卡姆在《哲学评论》第 29 期(1963 年)的报告]。

史是很有益的①。

施莱尔马赫解释学处于 19 世纪发展之初,它在《圣经》和其他一切文本的解释过程中系统地建立了一种本质的相似性(Gleichartigkeit),正如泽梅勒(Semler)所看到的那样。施莱尔马赫自己的贡献是心理解释,根据这种解释,一个文本的任何思想,如果要得到充分理解的话,就必须作为一个生命瞬间回溯到作者个人的生命关联中。同时,在施莱尔马赫的柏林手稿——吕克(Lücke)②当时编辑的版本就是以此为依据的——经海德堡科学院忠实可靠地重印出版之后,我们对施莱尔马赫的解释学思想的形成史有了更详细的了解③。尽管回到这些原始手稿所获得的益处并非革命性的,但决不是毫无意义的。H.基默尔(Kimmerle)在导言中指出,最初的笔记突出思想和言说的同一性,而晚期加工过的手稿则在言说中看到了个性化的表达,这样逐渐发展出来的心理学观点最终凌驾于"技术的"解释("风格")的真正的语言观点之上。

在施莱尔马赫的教义学内部——我们已由马丁·瑞德克出色的新版巨著(《基督教信仰》)④而获得了新的理解——施莱尔马赫的心

① H.里宾的研究《在正教与启蒙之间,论伍尔夫学派的 G.B.比尔芬格》(图宾根,1961 年)告诉我们,在历史的圣经批判产生之前,神学和哲学的关系如何不同,因为新约曾被直接理解为教义,即理解为普遍的信仰真理的总和,并由此(善意或敌意地)能同理性哲学的系统证明方式和表达形式相联系。比尔芬格试图将其神学的科学性系统地建立在经过修正的伍尔夫的形而上学的基础上。他在此意识到由时代处境和他自己的见识所造成的局限,这就是他的科学论中唯一的解释学要素,这种要素指向未来,即指向历史问题。另参见我为 F.Chr.厄庭格尔的《共通感研究》所作的序,弗罗曼出版社,1964 年新版,第 V—XXVIII 页,也就是我的《短篇著作集》,第 3 卷,第 89—100 页[现收入我的《著作集》,第 4 卷]。

② 此人系施莱尔马赫《解释学与批判》一书最初版本(1838 年)的编者。——译注

③ 柏林手稿最老的本子很难卒读,已由 J.基默尔(H.Kimmerle)做了处理后进行了重印。参见海德堡 1968 年版的补充后记[这正是 M.弗兰克(M.Frank)的功劳(《个别的一般:根据施莱尔马赫的文本结构和文本解释》,法兰克福,1977 年),关于施莱尔马赫的讨论常在进行,对此可参见我在"在现象学与辩证法之间——一种自我批判的尝试"(载我的《著作集》,第 2 卷,第 3 页以下)中的回答]。

④ 柏林,1960 年[目前雷德克还整理了可供使用的 W.狄尔泰为他的《施莱尔马赫传》第 2 卷的写作做准备所遗留下来的材料(参见施莱尔马赫:《著作集》第 14 卷,第 1 分册和第 2 分册)]。

理—主观的倾向也对神学批判提出了挑战,这是人们足够熟悉的了。"信仰的自我意识"是一个教义学的危险基础,克利斯朵夫·森夫特的著作很机智地讨论了从施莱尔马赫到里奇尔的自由神学的发展,在这方面提出了很好的看法①。关于施莱尔马赫,森夫特在该书第42页上这样写道:

> 尽管他努力用生动的概念去把握历史,然而在他那里思辨和经验之间的辩证法仍然是一个静止不动的东西:在历史和对历史进行认识的人之间的相互影响是一个不成问题的和批判性的相互影响,在这里,历史的提问者原则上总是停留在反问面前。

正如森夫特所指出的那样,虽然 F.Ch.鲍尔把历史过程当做自己思考的对象,但他也没有在这一方向上将解释学的问题继续推进,因为他坚持将自我意识的自主性(Autonomie)看做是一个无限制的基础。霍夫曼在他的解释学中对启示的历史性进行了解释学上的认真处理,这一点在森夫特那里有很好的描述。霍夫曼所阐明的全部学说是"基督教信仰的解释,这种信仰'在我们之外'有其先决条件,但不是法律上的在我们之外,而是这样在我们之外,即作为基督教信仰自己的历史'根据经验'显示出来"(森夫特,第105页)。但这样就同时保证了"作为一部历史的纪念碑,即一个诸事件特定联系的纪念碑——而不是作为普遍信条的教义书——《圣经》就是启示之书"。总之,可以说,历史的圣经学得以受到规范训练的圣经批判,通过使圣经教义的统一成为最大的难题,而消除了《圣经》"学说"的理性主义—独断论的前提,这种批判对神学提出了这项任务:承认作为历史的圣经史。

照我看,近代解释学的争论就是从这里确立了它的方向。在这一

---

① C.森夫特:《真实性与真理:处于正教与启蒙之间的19世纪神学》,图宾根,1956年。

历史过程中,信仰本身必须作为一个历史的事件(geschichtliches Er-eignis)来理解,作为上帝话语的召唤来理解,这对新旧约的关系也适用。这种关系可以作为预言和实现之间的关系来理解(根据霍夫曼),这样历史上未实现的预言本身只有从其实现方面才能在意义上得到规定。但对《旧约》预言的历史理解决不会有损于它们从《新约》那里获得的宣告意义。相反,《新约》宣告的神迹只有在其预言决不仅仅是一个"未来事实的迹象"时才能被理解为一个真正的事件(森夫特的书中论霍夫曼,第101页)。然而,它首先适用于信仰的自我理解概念,即布尔特曼神学的基本概念,这个概念具有一种历史的(而非唯心主义的)意义①。

自我理解应当指一种历史的决定,而非指可以支配的自我占有的东西。布尔特曼一再强调这一点。因此,把布尔特曼使用的前理解(Vorverständnis)的概念理解为囿于偏见(Vorurteilen),理解为一种前知识(Vorwissen)是完全错误的②。事实上,这涉及一个纯解释学的概念,此概念是布尔特曼在海德格尔对解释学循环和人的此在的普遍前结构(Vor-Struktur)的分析的推动下形成的。它意味着问题视域的开放,只有在这种视域内,理解才是可能的,但它并不意味着一个人自己的前理解与上帝的话语(正如在别的场合下是与任何其他的话语)发生冲突时,不能被修正。正相反,这个概念的意义是要使理解活动作为这一修正过程得到彰显。必须注意,在信仰召唤的情况下,这个"修正"是一个特殊的修正,只是按其形式结构它才具有解释学的普遍性③。

---

① 参见我载于《G.克吕格纪念文集》的论文,1962年,第71—85页,和载于《R.布尔特曼纪念文集》的论文,1964年,第479—490页(即我的《短篇著作集》,第1卷,第70—81页)和第82—92页[我的《著作集》,第3卷])。

② 贝蒂在其《基础》中(见上引书第115页,注47a),似乎错误地认为,海德格尔和布尔特曼要求"前理解"(Vorverständnis)是因为它促进理解。其实,正确的看法是,如果我们认真地认为它具有"科学性"的话,就必须要求对永远起作用的前理解有一种意识。

③ L.施太格的《作为教义问题的解释学》(君特斯洛,1961年)试图在自己这篇优秀的博士论文(出自H.狄姆学派)中强调神学解释学的特殊性,因为他追踪了从施莱尔马赫经过里奇尔、哈纳克到布尔特曼和戈伽滕的神学理解的先验观点的连续性,并将它与基督教福音宣道的生存辩证法相对照。

　　紧接着，神学的自我理解概念出现了，就连这一概念也明显是从海德格尔对此在的先验分析中发展而来的。与其存在相关的存在者通过它的存在理解而展现为追问存在的通道。理解存在的活动本身被证明是一种历史的活动，是历史性的基本状态，这对布尔特曼的自我理解概念来说具有决定的意义。

　　由此，这一概念不同于自我认识的概念，这不仅在"心理主义的"意义上有某个东西在自我认识中被认识到，而且还在更深的思辨意义上，即德国唯心主义的"精神"概念所规定的那种意义上被认识到，根据这一意义，完善的自我意识是在他在（Anderssein）中认识自身的。当然，这种自我意识在黑格尔现象学中的发展是以决定性的方式通过对他人的承认而成为可能的。自我意识精神的形成是一场为获取承认的斗争，它所是的东西就是它所成为的东西。然而，在自我理解的概念中（正如它对神学是适合的）却涉及另外的东西①。

　　不可支配的他者，即在我们之外的东西（extra nos）属于这个自我理解的不可取消的本质。根据基督教的观点来看，我们从某个他者或多个他者的不断的新经验中所获得的那种自我理解，在本质的意义上总是非理解（Unverständnis）。一切人类的自我理解在死亡面前有其绝对的界限。这并不能真正用来反对布尔特曼（奥特，第163页），也不要想在布尔特曼自我理解的概念中会发现某种"封闭的"意义，好像信仰的自我理解并非恰恰就是人类自我理解失败的经验。这种失败的经验甚至不需要按基督教来理解。每经历一次这样的经验，人的自我理解都得到加深。在任何情况下，它都是一个"事件"（Geschehen），而自

————————

　　①　无论奥特（Ott）的《R.布尔特曼神学中的历史与神恩》（图宾根，1955年）作了多么富有成果的分析，该书第164页上的注释2表明，他未能看到自我意识的形而上学概念和自我理解的历史意义之间的方法论上的对立。黑格尔的思想是否如奥特所认为的那样，谈论自我意识并不比布尔特曼谈论自我理解更恰当，我暂不作探讨。但这是不同的"事情"（Sachen）——正如形而上学和基督教信仰不同一样——"与传统活生生的对话"不应忽视这一点。

我理解的概念就是一个历史的概念。然而,依据基督教教义,应该有一个"最后的"这样的失败。基督教宣告的意义,对摆脱死亡之复活的允诺,恰恰在于要在耶稣基督的信仰中结束自我理解的不断重复的失败,结束自我理解由于死亡和有限性带来的破灭。当然这并不意味着要走出自己的历史性,倒是意味着信仰是末世论的事件。在《历史与末世论》这部著作中①,布尔特曼写道:"基督教的生存同时是末世论的、超凡的、历史的,这一悖论与路德的话——既是正义又是罪孽(*Simul iustus simul peccator*)——具有相同的意义"。正是在这种意义上,自我理解是一个历史的概念。

　　与布尔特曼有关的现代解释学的讨论,似乎在一个特定的方向上超越了他。根据布尔特曼,如果基督教的宣道要求人必须放弃自己对自己的支配,那么对这种要求的呼唤仿佛就是人的自我支配的一个私人经验。以这种方式,布尔特曼对海德格尔关于此在的非本真性概念做了神学的解释。当然,在海德格尔那里,本真性(Eigentlichkeit)与非本真性(Uneigentlichkeit)不只是在这种意义上并列在一起:沉沦如同"决断"(Entschlossenheit)一样,罪孽(不信仰)如同信仰一样是人类此在所特有的。在海德格尔那里,本真性与非本真性同源,毋宁说完全超越了自我理解的起点,它是海德格尔思想中存在本身在其"去蔽"和"遮蔽"的对立转化中表达的第一种形式②。正如布尔特曼依靠海德格尔对此在的生存论分析以解释信仰和不信仰之间人的末世论生存一样,人们为了"信仰的语言"引入在存在事件(Seinsgeschehen)中具有核心意义的语言,这样也就使海德格尔后期详细阐发出来的存在问题之维同神学联系起来。在奥特所进行的极为熟练而又富于思辨的解释学的讨论中,有依据海德格尔《关于人道主义的信》对布尔特

―――――――――――――

　　①　R.布尔特曼的这些吉福特—演讲(Gifford-Lectures)特别有趣,因为它们将布尔特曼的解释学立场同其他作者,尤其是同科林伍德和 H.J.马诺的《论历史认识》(1954 年,参见《哲学评论》,第 8 卷,第 123 页)关联起来。
　　②　[参见《海德格尔的道路》,图宾根,1983 年,第 29 页以下;另参见我的《著作集》,第 3 卷]。

曼的批判,这种批判与他自己在第 107 页上的正面观点相符合:"语言正是现实在其中得以'进入语言'的东西,因此也是对生存的反思在其中并借此得以实现的东西,它在生存发生的一切时代都伴随着生存"。我觉得,神学家富克斯(Fuchs)和艾贝林(Ebeling)①的解释学思想似乎也是以类似的方式从后期海德格尔出发的,因为他们更强调语言概念。

恩斯特·富克斯提出了一个他自己称作"信仰语言论"(Sprachlehre des Glaubens)的解释学②。他的出发点为:语言是存在的澄明(Lichtung)。"假如我们作为人应当具有交谈能力的话,那么语言总包含这样的决定:什么作为此在、作为能从我们中产生出来的可能性对我们敞开。"因此,他继承海德格尔是为了"消除现代主—客模式的偏见"。但海德格尔想到的是"语言本身来自于本源并返回到本源的活动",而富克斯则试图在倾听《新约》的过程中把语言这种内在活动认作上帝的话语活动。

与这种倾听相联系的是意识到,我们不能说我们是最后与上帝的话语有关的人。但从这里会引出:"我们可以并且应当让自身显现出我们的历史界限,如同这些界限在我们的历史世界理解(Weltverständnis)中显示出来那样。可是这就使我们获得了这样一项任务,它与总是为信仰的自我思考而存在的任务是相同的。这项任务也是我们与新约的作者们共同具有的。"因此,富克斯得到了一个能被《新约》研究本身证明合法的解释学基础。在布道中对上帝话语的宣告就是对《新约》内容的一种翻译,而对《新约》的论证就是神学。

---

① 富克斯和艾贝林作为布尔特曼的学生,同属于布尔特曼学派的重要成员,与卡尔·巴特的学生奥特一样都受海德格尔后期思想的影响,伽达默尔与他们有相似之处。——译注

② 巴特·坎斯塔特(Bad Cannstatt),1954 年,第 2 版有一个增补,1958 年;另参见《神学中的解释学问题:生存论解释》,图宾根,1959 年,以及《马堡的解释学》(1968 年)。

这里,神学几乎变成了解释学,因为它——对近代《圣经》批判的发展亦步亦趋——并不把启示真理本身当做对象,倒是把与上帝的启示相关的陈述或通告的真理作为对象(第98页),所以决定性的范畴是通告(Mitteilung)的范畴。

富克斯在这一点上追随布尔特曼,即解释学的原则在《新约》的理解中对信仰必须是中立的,因为它唯一的先决条件是追问我们自己,但它显现为上帝向我们提问。信仰的语言论必须涉及如何真正地对待与上帝话语相遇的倾听。"知道在这种相遇中发生了什么并不意味着一个人马上也能说出他知道了什么"(第86页)。所以,这项任务最终不仅仅是倾听话语,而且还要找到说出回答的话语,它涉及信仰的语言。

在论文"翻译与宣道"(Übersetzung und Verkündigung)中更清楚地表明了这种解释学理论在何种程度上试图超越布尔特曼意义上的生存论解释①,正是翻译的解释学原则指明了方向。无可置疑:"翻译所创造的空间应当与文本试图创造的空间相同,精神就在这一空间中说话"(第409页)。但同文本相比,话语(Wort)具有——这是一个大胆而又不可避免的结果——优先地位,因为话语就是语言事件(Sprachereignis)。这里显然要说的是,话语和思想的关系并不是通过话语的表达然后才抵达思想的关系。毋宁说,话语像一道击中目标的闪电。与之相关,艾贝林曾写道:"解释学的问题在布道过程中能以最浓缩形式遭遇到。"②

这里并没能说明,从这个基础上出发,"《新约》中的解释学运动"是如何被描述的,但从中可以看出根本的要点在于,根据富克斯,神学在《新约》中按其出发点就已经存在着自始便有威胁的法律思想或秩序思想与语言本身之间的斗争③,宣道的任务就是将其转换

---

① "关于历史上的耶稣问题",载《论文集》,第2卷,图宾根,1960年。
② 《上帝之言与解释学》,载《神学和教会杂志》,1959年。
③ 参见我为《布尔特曼纪念文集》写的文章,同上。[另参见我的《著作集》,第3卷]。

成话语①。

有一点对整个当代历史客观主义或实证主义的批判是共同的:洞察到所谓认识主体是客体的存在方式,因而客体和主体属于相同的历史活动。虽然主—客—对立在客体相对于思维(res cogitans)是一种完全不同的广延(res extensa)的地方有其恰当性,但历史认识并不能通过客观和客观性这类概念来做适当的描述。用约克伯爵的话说,重要的是要把握"存在的"(ontisch)和"历史的"(historisch)之间"类的"差别,即要在适宜于主体的历史性的存在方式中去认识所谓的主体。我们已经看到,狄尔泰并未达到这一洞见的充分结果,虽然在他的后继者那里引出了这些结果。同时,对于克服历史主义这一问题,正如恩斯特·特勒尔奇②所解释的那样,也缺乏概念的前提。

在这里,现象学学派的研究已显示出丰硕的成果。今天,在胡塞尔现象学的不同发展阶段变得一目了然之后③,我认为,这一点已经很清楚了:胡塞尔通过证明主体性的存在方式就是绝对的历史性,即时间性,

---

① 也许富克斯和艾贝林眼里的这种所谓"新解释学立场"在夸张上是再明显不过的了。H.弗兰兹(H.Franz)在一本既同情而又严肃的小册子中,对《宣道与艺术》(萨尔布吕肯,1959 年)提出了问题。他尽可能在后期海德格尔语言材料范围内活动,并将艺术重新回归到真正的宣道的存在视为自己的任务。应当从艺术工场的"构—架"(Ge-stell)出来重新产生"事—件"(Er-eignis)。作者可能特别注意到音乐及其对空间本质上的从属性,音乐在空间中鸣响,或不如说,音乐使空间鸣响。但显然,他不只是指音乐,不只是指艺术,当他看到宣教受到"工场"威胁时,他指的是教会本身及其神学。然而,通过转换成"事件"(Ereignis),神学和教会是否就可以得到完全的表征呢?〔还可参见 J.B.可布、J.M.罗宾逊合著的《新解释学》,纽约,1964 年〕。

② 德国当代新教神学家、哲学家和历史学家,深受洛采和狄尔泰的影响,著有《历史主义及其超越》等。——译注

③ 《胡塞尔文库》I—Ⅷ卷。参见 H.瓦格纳的论文(载《哲学评论》,第 1 集,第 1—23、99—123 页),D.亨里希的论文(载《哲学评论》,第 6 集,第 1—25 页),L.兰德格雷伯的论文(载《哲学评论》,第 9 集,第 133 页),以及伽达默尔的论文(载《哲学评论》,第 10 集,第 1—49 页)。很遗憾,在我那篇论文中,我对赫尔伯特·斯皮格伯格的观点所进行的批评在某些方面作了不正确的假定,不论是关于"回到事情本身"(Zu den Sachen Selbst)的口号还是胡塞尔的还原概念,斯皮格伯格完全和我在同样的意义上反对流行的误解观点,对此我要在这里作明确的更正。〔特别值得注意的是,随着胡塞尔版本的进展,目前,胡塞尔的解释在增多,而且年轻学者正在努力奉献〕。

而成为在这个方向上迈出了根本性步伐的第一人。海德格尔划时代的著作《存在与时间》(人们通常在这方面援引它)有一个完全不同且远为彻底的意图,即揭露不恰当的本体论的前概念(Vorgriff),这种前概念统治着近代对主体性,更确切地说,对"意识"的理解,而且这也在其极端的尖锐化中逐步达到了时间性和历史性的现象学。这种批判有助于这样一项积极的任务,即对于古希腊人首先用形而上学给予了回答的"存在"问题重新追问。可是,《存在与时间》并未在海德格尔这一真正意图上得到理解,得到理解的是海德格尔与胡塞尔的共同方面,如果人们在这里看到的只是对"此在"的绝对历史性的彻底辩护,正如胡塞尔的分析已经从时间性的原始现象("流")中推论出这种历史性那样,人们可以这样论证:此在的存在方式现在从本体论上做了积极的规定,它不是现成在手的存在(Vorhandensein),而是未来性(Zukünftigkeit)。没有永恒的真理,真理就是与此在的历史性一起被给予的存在的显示(Erschlossenheit)①②。在这里可以发现对历史客观主义(它产生于科学本身)的批判能获得其本体论辩护的基础,它就是所谓的一种第二等级的历史主义(Historismus zweiten Grades)③,这种历史主义不仅使一切认识的历史相对性同绝对真理的要求相对立,而且还设想了这种相对性的基础,即认识主体的历史性,因而能够将历史的相对性不再视为真理的局限④。

---

① 但这并不意味着:"没有什么永恒的东西,存在着的一切都是历史的"。更确切地说,永恒或不朽的存在者,如上帝或数,其存在方式只能从此在那里获得其存在意义的"基础本体论"出发,才能正确地加以规定——参见 O.贝克关于数学存在的论文(载《哲学与现象学研究年鉴》,第 8 卷,1927 年)。

② 另参见伽达默尔:《诠释学 II:真理与方法》,洪汉鼎译,商务印书馆 2010 年版,边码第 37—43 页。——译注

③ 这里的"第二等级的历史主义"是相对于前面的"历史客观主义"而言的,虽然未见伽达默尔明确使用过"第一等级的历史主义"这个表述,但根据上下文,如果说以海德格尔和伽达默尔为代表的历史主义是"第二等级的历史主义",那么可以推出,它所针对的历史客观主义是"第一等级的历史主义"。——译注

④ 参见 F.梅奈克"动力学的历史主义"的概念(载《历史主义的产生》,第 499 页以下)。

即使这是正确的,由此也绝不能推出:在狄尔泰世界观哲学的意义上,一切哲学认识仅仅只有历史表述的意义和价值,在这方面它和艺术处于同一层次,这里它只与真实(Echtheit)有关,而与真理(Wahrheit)无关。海德格尔自己的追问决不是要为了历史而消除形而上学,为了表述真实而取消对真理的追问,毋宁说他要追问到形而上学提问的背后。因此,这就使哲学史在一种新的意义上呈现为世界史的内在性,即呈现为存在的历史,也就是存在遗忘的历史,但这一点并不意味着,此处涉及这种意义的历史形而上学,即勒维特已将它证明为基督教救赎史理解的世俗化形式①,以及它在近代启蒙运动的基础上最一贯的实施就是黑格尔的历史哲学。胡塞尔在《危机》一书里对现代哲学中的"客观主义"的历史批判也不是历史形而上学。"历史性"是一个先验的概念。

如果人们采取一种神学形而上学的立场,那么很容易反驳这种"先验的"历史主义——这种先验的历史主义在胡塞尔先验还原的风格中,采取了主观性的绝对历史性的立场,以便由此出发把一切作为存在者而生效的东西理解为这个主观性的对象化效果。假若应该有一种唯一地能使不断交替的世界筹划(Weltentwürfe)的普遍历史运动受到限制的自在存在,那么显然它一定是某种超越一切有限人类观点的东西,如同它表现为一个无限的精神一样。但这就是创造的秩序,它以这种方式对一切人类的世界筹划都保持着优先地位。几十年前,盖哈特·克吕格(Gerhard Krüger)已经在这种意义上解释了康德哲学的双重性:现象的唯心论和物自体的实在论②,而且直到他最近的著作中,他还企图从神话或宗教体验的基础出发,去捍卫目的论的形而上学的权利,反对现代主观主义。

然而,如果我们不愿接受基督教创世说中达到顶峰的结果,却还想

---

① 《世界史与救赎史》,斯图加特,1953 年。[现收入他的《全集》,第 2 卷,斯图加特,1983 年,第 7—239 页]。

② 《康德批判中的哲学与道德》,图宾根,1931 年。

使古老的目的论的宇宙（所谓自然的世界意识总是为它辩护）去和人类历史的变化发展相对立①，那么事情就会变得困难得多。下面这个说法也许是正确和有说服力的：历史的本质为人类思维所意识到仅仅是随着基督教及其对上帝拯救行为的绝对瞬间的被强调，以及尽管如此，先前历史生命同样的现象已被知晓，只是它们还被"非历史地"加以理解，不管是从神话的史前时代推出当下，还是着眼于一个理想、永恒的秩序来理解当下。

的确，历史著述，如在希罗多德②，甚至在普罗塔克③那里，能够非常出色地将人类历史的兴衰作为丰富的道德事例加以描述，而完全不反思作者自己当下的历史性和人类此在的历史性。宇宙秩序的模式也能用来描述人类事物活动的过程，在这种模式中，一切偏离和异常的事物都将走向消亡，消融在自然过程的伟大平衡之中。事物最佳的秩序，理想的政府，正如宇宙在理念上是一种持久不变的秩序，即便它的理想的实现不是持续不变的，而是要代之以新的混乱和无序（我们称之为历史），那么这也只是知道正确的理性失算的结果。真正的秩序是无历史的，历史就是衰落史，顶多是对真正秩序恢复的历史④。

着眼于实际的人类历史，历史怀疑主义——根据基督教革新派的理解——也是其余的观点中唯一有正当理由的观点。这就是勒维特在

---

① 参见勒维特对克吕格的批判（载《哲学评论》，第 7 卷，1959 年，第 1—9 页）。

② 古希腊历史学家（约公元前 484—公元前 425 年），被西方人称作"历史之父"。——译注

③ 古罗马历史学家（约公元 46—120 年）。——译注

④ 鉴于 G.罗尔的文章"柏拉图对历史的看法"（柏林，1932 年），我在几十年前就写下了这样的观点（《德国文汇报》，1932 年，1982 行以下）："如果在一个国家中正确的教育（Paideia）发挥作用的话，那它根本就不会是我们所谓的'历史'：产生与消失、生长与衰败的交替。真正的状态超越由事实来证明的事件的过程规则。只有当我们看到这种持续（Dauer）也可以叫做'历史'时，才能显示出柏拉图'对历史的看法'：在对持存的范本的持续模仿中，在自然宇宙范围内的政治宇宙中，历史的存在作为重复保存的不朽性实现出来。（想一下《蒂迈欧篇》的开头）。"在此期间，K.盖塞尔在《柏拉图的未著文字学说》中重新探讨了这个问题，1963 年。[另参见我论文"柏拉图的乌托邦思想"，载《高级文理中学》，第 90 卷（1983 年），第 434—455 页；以及我的《著作集》，第 7 卷，第 270—289 页]。

《世界史与救赎史》中揭示欧洲历史哲学的神学、特别是末世论之前提的背后意图和认识。在勒维特看来，设想世界史的统一性是基督教现代主义精神的错误需要。如果我们真正严肃认真地对待人类的有限性，那么按照勒维特的观点，就不可以去设想永恒的上帝以及它所寻求的关于人类的救赎计划。我们必须着眼于永恒的自然过程，以便从中学会与人类此在在世界整体中的琐碎小事相适应的冷静。正如我们所看到的，勒维特反对现代历史主义和现代自然科学而利用的"自然的世界概念"（natürliche Weltbegriff）也打上了斯多葛派的印记①。没有别的希腊文本能像伪托的亚里士多德（希腊—斯多葛派）的论文"论世界"（Von der Welt）那样更好地说明勒维特的意图了。这一点也不奇怪，很明显，现代作者像其古希腊先驱一样，只有当自然过程是人类事物绝望的无序状态的反面时，才对自然过程产生如此大的兴趣。所以，谁为这种自然世界观的自然性作辩护，谁就绝不是从同样东西的永恒轮回出发——像尼采那样，而是从人的此在的绝对有限性出发。他对历史的拒绝是一种宿命论的反映，即对这一此在的意义绝望的反映，这绝不是对历史意义的否定，而是对它的可解释性的根本否定。

②我认为，列奥·施特劳斯在一系列论政治哲学的卓越著作中对现代历史信念所进行的批判更为彻底。他是芝加哥大学的政治哲学教授，一位现代政治思想方面如此激进的批评家在那里发挥影响，这对于我们这个自由活动空间越来越狭小的世界来说具有一种鼓舞人心的特点。我们对使 17、18 世纪法国文学公众紧张不安的那场古今之争（querelle des anciens et des modernes）很熟悉，虽然它更多是一场文学方面的争论——表现为捍卫希腊、罗马古典诗人之不可超越性的人与捍卫近代作家（这些作家在太阳王③的宫廷中开创了文学新古典时期）的

①　"近代哲学的世界概念"，载《海德堡科学院会议论文集》（哲学—历史类），1960 年。

②　至此以下直接涉及针对施特劳斯两封信的争论，之前的内容都只是理论的铺垫和背景的交代。——译注

③　指法国波旁王朝国王路易十四。——译注

文学自我意识的人的对抗,但是这种争论的冲突最终促成了它自身在历史意识意义上的消融,因为需要限制古希腊罗马的绝对典范性。这场争论是传统和现代之间的非历史性争论的最后形式①。

列奥·施特劳斯早期著作之一《斯宾诺莎的宗教批判》(1930 年)与这场争论有关,这决非偶然。他的整个令人印象深刻的学术生涯都献给了在一种更彻底的意义上重新挑起这场争论的任务,即:把现代的历史自我意识同古典哲学清晰的正确性对立起来。当柏拉图追问最好的国家时,以及当亚里士多德扩展了的政治经验坚持这一探讨的优先地位时,这可能与自马基雅维利以来才统治着现代思想的政治学概念很少有什么一致之处。在施特劳斯已译成好懂的德语著作《自然法与历史》中,当他根据表面追溯到现代历史世界观的对立形态——自然法时,这本书的意义实际上是要在此表明希腊古典哲学家柏拉图和亚里士多德才是自然法的真正创立者(既不接受斯多葛派的自然法形式,也不接受中世纪的自然法形式,更不用说启蒙时代的自然法形式),在哲学上正确地发挥作用。

在这里,施特劳斯为他对现代性的灾难②的洞察所推动,分辨“正确”和“不正确”这样一个人类的基本要求提出如此的假定:人必须能够超越他的历史条件性。古典哲学追问合理性并强调这种分辨的无条件性,显然是正确的,而彻底的历史主义将一切无条件的价值历史地相对化,则不可能正确③。由此我们必须根据古典哲学来检验他的论据。

当然,施特劳斯现在也不能认为,他能够像柏拉图承担对智者派的

---

① 因为这场争论开始并不是自觉围绕着“历史性”来进行的,而是围绕着“古”与“今”孰优孰劣的问题展开的,虽然它后来激发了人们的历史意识的觉醒。关于“历史性”的概念史的回顾,可参见伽达默尔:《诠释学 II:真理与方法》,洪汉鼎译,商务印书馆 2010 年版,边码第 134—135 页。——译注

② 这与施特劳斯所谓的现代性危机有关,在他眼里,现代性的危机也就是历史主义的危机。——译注

③ 这里是复述施特劳斯的观点。——译注

批判那样,来承担这一任务。他自己深深地浸润于现代历史意识之中,以至于不能"单纯的"(naiv)来为古典哲学的权利辩护。因此,他反对他所谓的历史主义的理由首先本身就是建立在历史的基础上的。他引证这一点(而勒维特也重复了这一引证):历史思想本身有其产生的历史条件。这实际上既适合素朴的历史主义的形式,即在传统的研究中形成的历史意义,也适合精致的历史主义的形式,即将认识者的生存(Existenz)一起放到它的历史性中加以思考的形式①。

如果这是正确的无可争议的,那么下面的推论同样也是正确的无可争议的:历史主义这种历史现象,正如有其存在之日,也会有其消亡之时。这完全可以肯定,并非因为历史主义不这样就会"自相矛盾",而是因为它严肃认真地对待自己。所以我们不能证明说,历史主义"在整个永恒性上"断言一切认识的历史局限性,从根本上讲,就是自相矛盾的。这种自相矛盾是一种特殊情况②,即使在这里我们也必须追问:"一切认识是历史地有条件的"和"这一认识是无条件的"这两个命题是否处于同一层面上,从而可以相互矛盾。因为该论点不是说这个命题将永远被设想为真——只不过它迄今为止总被设想为真。相反,认真对待自身的历史主义将会考虑到:有朝一日人们不再将他的论点看作是真的,也就是说将"非历史地"思考。但完全可以肯定,这决不是因为无条件断言一切认识的有条件性是无意义的,"在逻辑上"是矛盾的。③

---

① 这里谈到的"素朴的历史主义"与"精致的历史主义"是施特劳斯使用的两个概念,可对应于前面讲的"历史客观主义"和"第二等级的历史主义"。同前者的不彻底性相比较,后者是彻底的历史主义,因为它不仅考虑到被理解者的历史性,而且还考虑到理解者的历史性,即理解主体的历史性,他或她不能超越自己的历史处境(或解释学处境)去理解和解释,在这个意义上,伽达默尔是一个彻底的历史主义者(参见 Matthew Foster, *Gadamer and Practical Philosophy*, Scholars Press, Atlanta, 1991, p. 113)。——译注

② 参见我的《著作集》,第 1 卷,第 452 页(注释 85)。

③ 这里涉及对施特劳斯第二封信指责伽达默尔没有回答的问题的回答。——译注

然而,施特劳斯可能并非指这个意义上的问题。他顶多只是证明古典哲学家以另外的、非历史的方式思考,而对今天非历史思考的可能性仍未置一词。然而,有充分的理由不把非历史的思考的可能性视为一种空洞的可能性。恩斯特·荣格尔(Ernst Jünger)[①]就这一问题所积累的惊人的"观相术的"考察,可能支持人性达到"时间墙"(An der Zeitmauer)这一说法[②]。施特劳斯所看到的只是在历史思想之内被思考的并具有一种调节性的意义。他要批判的是:对传统思想"历史的"理解要求对过去思想世界的理解应比它当时对自己的理解更好[③]。谁这样想,谁就从一开始把传统思想能够是真的这种可能性根本排除掉了,此乃该思维方式普遍的独断论[④]。

依我看,施特劳斯这里所描绘并与之作斗争的历史主义者的形象与那种完美的启蒙运动的理想相符合,这种理想我曾在我自己探讨哲学解释学的过程中作为狄尔泰和19世纪的历史非理性主义背后的主导观念加以描述过,所谓要借助现在去完全揭示整个过去,这不是一种现代乌托邦式的理想吗? 依我看,应用现代的优越视角去审视一切过去,根本就不是真正历史思考的本质,而是表明了一种"幼稚"的历史主义的顽固的积极性。历史思维具有它的尊严以及其作为真理的价值在

---

① 恩斯特·荣格尔(Ernst Jünger, 1895—1998年),德国作家和思想家。参加过两次世界大战,早期作品大多美化战争,支持民族主义,狂热鼓吹军国主义。后又转向反对希特勒和军国主义。主要作品有《钢铁风暴》(1920年)、《在大理石的悬崖上》(1939年)、《赫里奥波里斯》(1949年)等。后期作品有《玻璃蜜蜂》(1957年)。他的作品对20世纪的德国文学产生过巨大影响,在西方各国,尤其是在法国很流行。就其作品的思想性而言,有不少学者认为他是继弗里德里希·威廉·尼采之后德国最伟大的思想家(引自百度百科)。伽达默尔多次提到他。——译注

② 另参见 A.格伦对现代艺术的分析,这一分析正好讲到了我们已进入的后—历史(post-histoire)。(参见我对"时间图像"(Zeitbilder)的评论,载《哲学评论》X,1/2;另参见我的《短篇著作集》,第2卷,第218—226页;现收入我的《著作集》,第9卷)。

③ 《什么是政治哲学?》,格莱科,1959年,第68页。

④ 这里复述的是施特劳斯的观点。——译注

于承认:根本就没有"当下",只有不断变化着的"未来"和"过去"的视域①。完全和根本不能断定(而且永远不能断定)的是:传统思想得以表现于其中的任何一个视角会是正确的。"历史的"理解没有任何特权,无论是今天还是明天,它自身为那些不断变化的视域所包含并同它们一起运动。

与此相反,我们必须比作者理解他自己理解得更好这个语文解释学的转向,正如我已指出的那样,来自天才论美学②,但它最初是一个通过概念分析使模糊的想法得以澄清的启蒙理想的简单表述③。它在历史意识上的运用是次要的,并且助长了每个当代解释者都具有无比优越性的错误假象,这受到施特劳斯正确地批判。但是,当施特劳斯证明,为了更好地理解,人们首先必须像作者理解自己那样去理解作者时,我认为,他低估了一切理解的困难,因为他忽视了可以被称为陈述辩证法(Die Dialektik der Aussage)的东西。

这点他在另一个地方也表现出来了,在那里,他为"客观解释"的理想作了辩解护,他说,无论如何,作者只以一种方式理解他所说的话,"假设他当时头脑不是混乱的话"(第67页)。我们要再追问一句,这里包含的"清楚"和"混乱"的对立是否像施特劳斯自己理解的那样明确,难道他这样一来实际上不是与完美的历史启蒙一致而跳过了真正

---

① 对这句话的理解,可参看伽达默尔在别处说的一段话:"在任何瞬间都不可能被认作现存的东西究竟是什么? 因为就在我把它认作现在的当口,这个现在已不再是现在。在无限的过去中展现的现在,从无尽的将来中涌现的现在使以下问题迷惑难解:什么是现在,这种流逝过去的,即将来的并又流逝过去的时间之流究竟是什么?"(引自伽达默尔:《诠释学 II:真理与方法》,洪汉鼎译,商务印书馆 2010 年版,边码第 135 页)。——译注

② 指康德《判断力批判》所阐发的天才论美学。它强调天才的艺术家为艺术立法,因此他的活动是创造而非模仿的,这种创造带有无意识的特点。——译注

③ 参阅第 170 页及其以后诸页,我们可以比较第二部分注(43),亨里希·吕瑟的《弗里德里希·施莱格尔的语言理论》,第 92 页及其以后。根据吕瑟,施莱格尔的观点仍然是历史地"忠实的"文学批评家的观点,他必须在他的意义上来"表征"作者。施莱尔马赫第一个看到适合的解释行为是比作者"更好的理解",即以一种浪漫的方式进行再解释。——英译者注

的解释学问题吗？他似乎认为，有可能理解一个人自己不理解、而另一个人理解的东西，并且只像他理解自己那样来理解①；施特劳斯似乎还认为，如果一个人要说某事，那么他同时就必然而且充分理解了"自己"。照我看，这两种观点都不正确。我们必须将遭受诟病的解释学原则——应当比作者理解自己"更好地"理解作者——从完美的启蒙前提中分离出来②，以便弄清它的有效含义。

那么，让我们从解释学的观点出发，看一看施特劳斯对古典哲学所做的这番辩护是怎样的，我们从一个例子入手。施特劳斯很好地指出了，现代讨论的所谓我—你—我们的关系在古典政治哲学中有一个极为不同的名称：友谊（Freundschaft）③。他正确地看到了现代谈论的"你—问题"（Du-Problem）的思维方式起源于笛卡尔我思（ego cogito）的原则上的优先地位。施特劳斯相信他懂得为何古代友谊的概念是正确的，而现代的概念是错误的。谁试图发现是什么构成了国家和社会，谁就一定会合理地谈到友谊的作用。但是他谈"关于你"（Du）时不可能具有同样的合理性。"你"不是什么谈论的对象，而是我们向其谈论的对象。如果将"你"的功能取代友谊的作用而当作基础，人们就会完全抓不住国家和社会的客观的交往本质。

① 这句话是针对读者来说的，意思是：读者可以理解他不理解而作者理解的东西，只要做到像作者理解他自己那样去理解。——译注

② 和前面的一句话——"它最初是一个通过概念分析使模糊的想法得以澄清的启蒙理想的简单表述"——相呼应。对于浪漫主义解释学的这句名言——"我们能够比作者理解他自己理解得更好"，伽达默尔在另一处指出，施莱尔马赫这句话是后来不断被重复的名言，"现代解释学的全部历史就表现在对它的各种不同的解释中。事实上，这个命题包含了解释学的全部问题"（伽达默尔：《诠释学 I：真理与方法》，洪汉鼎译，商务印书馆 2010 年版，边码第 195—196 页。译文有改动）。不过，伽达默尔反对立足于浪漫主义的解释或启蒙主义的前提来理解它，更强调理解没有更好，只是不同（参见伽达默尔：《诠释学 I：真理与方法》，洪汉鼎译，商务印书馆 2010 年版，边码第 301—302 页）。晚年的伽达默尔仍未改变这一立场（参见伽达默尔、杜特：《解释学美学 实践哲学——伽达默尔与杜特对谈录》，金惠敏译，商务印书馆 2005 年版，第 19 页注 1）。——译注

③ 古希腊的"友谊"概念并不限于朋友之间，它相当于今天的"友爱"概念。——译注

我发现这个例子非常幸运。在亚里士多德伦理学中,友谊概念处于德性理论与善的理论之间的不确定位置,这个位置长期以来,由于完全类似的原因,对我来说一直是认识现代伦理学相对于古典伦理学的界限的一个出发点①,所以我完全同意施特劳斯举的例子。但我要问:一个人获得这种洞见全不费力是由于他运用经过历史科学训练的眼光"解读"了这些古典作家,仿佛重构了他们的意见,然后又有可能抱定一个坚定的信念,认为这些重构出来的意见是正确的吗?——抑或我们在它们中察觉到真理,是因为当我们试图去理解它们时,我们总是自己在思考——但这就是说,它们的陈述对于我们显现为真,是由于借助了那些相关的现代流行的理论吗?不同时将它们理解为更正确,我们就理解了它们吗?如果是这样的话,那么我就要继续追问:就亚里士多德来说:如果我们发现他讲的话比那些现代理论(对于这些理论他根本不可能知道)更正确,他未能像我们理解他那样理解他自己,那么这种说法没有意义吗?②

施特劳斯正确地坚持国家和城邦这两个概念之间的区别表明了同样的问题。与城邦自然的生活共同体相比,国家机构是很不同的,这种观点不仅正确——也是某种发现——而且又是来自于这种区别的经验——这一点不仅对现代理论来说仍是不可把握的,而且如果我们不从现代性的对立面去理解的话,它甚至在我们理解古典传统文本时也仍然会无法把握。如果要将"revitalisation"称作"复活"(Wiederbelebung)的话,那么这对我来讲似乎同科林伍德的"重演"(Re-enactment)一样是一个很不确切的说法。精神生活并不像肉体生活,承认这

① 参见我的论文《关于哲学伦理学的可能性》,(载我的《短篇著作集》,第1卷,第179—191页;我的《著作集》,第4卷)。[另参见我为《乌佛·赫尔席纪念文集》写的论文"友谊与自我认识",维尔茨堡,1985年;收入我的《著作集》,第7卷;以及我在《哲学评论》32(1985年,第1—26页)上发表的伦理学的综合评论]。

② 例如,伽达默尔在亚里士多德的伦理学中发现了一种解释学的意义(参见伽达默尔:《诠释学I:真理与方法》,洪汉鼎译,商务印书馆2010年版,边码第317—329页)。——译注

一点决不是错误的历史主义，相反，这与亚里士多德的"自身实现"（epidosis eis auto）最为吻合。根据事实，我相信在这里我与施特劳斯并无严重的分歧，只要他也把"历史和哲学问题的融合"看做是在我们今天的思想中不可避免的。我同意他的这个观点：认为现代绝对的优越性是一个独断的看法①。的确，当我们通过传统带给我们的各种各样的概念进行思考时，我们受到多少未被觉察出来的先行概念的支配，而且通过返回到思想之父我们又能学到多少东西，上述例子已对此做了清楚的说明，这些例子可以从施特劳斯的论著中任意扩展。

无论如何，我们一定不要被误导，以为解释学的问题仅仅是从现代历史主义的立场上提出来的②。诚然，对于古典作家来说，他们先驱的观点本来就不是作为历史上不同的观点，而是仿佛作为同时代的观点来加以讨论的，但是解释学的任务，即解释传统文本的任务，仍会提出来，并且，如果这种解释在那里总是同时包含着真理问题，那么甚至这也许并不像历史—语文学方法论所相信的那样，在与文本打交道时远离我们自己的经验。众所周知，解释学这个词被归结为一项翻译（Dolmetscher）③的任务，即把某种由于从陌生的语言说出——也许它是神的暗示和象征的语言——因而不理解的东西加以解释和传达。致力于这项任务的能力一直是反思和意识训练的对象。（当然这可以有某种口头流传的形式，如在德尔斐神庙④的祭司那里），但这一解释的任务尤其被坚决地提出来是有了书写的时候。一切在书写中固定下来的东西都具有某种陌生性，因而都会提出一个与理解用陌生语言说出来的东西同样的理解任务。对书写东西的解释者就像是对神或人的话语的翻

---

① 伽达默尔既不赞成古代优越，也不赞成现代优越，他要用"视域融合"的"应用结构"来超越"古今之争"。——译注

② 而是出现在任何时代（参见 Matthew Foster, *Gadamer and Practical Philosophy*, Scholars Press, Atlanta, 1991, p.118.）。——译注

③ "Dolmetscher"在这里主要指"口译"（者），相对于下面所说的"书写"。——译注

④ 德尔斐神庙位于希腊的福基斯（Phocis），主要由阿波罗太阳神庙、雅典女神庙、剧场、体育训练场和运动场组成。——译注

译者一样,必须消除陌生化,使掌握成为可能。情况会是这样:如果意识到文本与解释者之间的历史距离,那么这项任务就会很复杂,因为这同时就意味着,承载流传下来的文本与解释者的那个共同的传统已经断裂。但是我相信,在受自然科学影响的错误的方法类比的压力下,人们已把"历史的"解释学("„historische" Hermeneutik)同那种"前历史的"①解释学(vorhistorischen Hermeneutik)②过分远地分离开来。我曾试图指出,它们至少有一共同的占支配地位的特征,这就是:应用的结构(Die Struktur der Applikation)③。

探讨解释学与书写之间在古希腊源头中的本质关联是非常吸引人的。

如果柏拉图的话可信,不只是苏格拉底和他的对手智者派推动了诗人—解释,更重要的是,整个柏拉图的辩证法已被柏拉图自己明确地同书写的问题联系起来,而且在对话的实际内容里,这也不乏对某种解释学性质的明确设定,不论辩证的交谈是通过男女祭司而由某种神话传说来导入、通过底俄堤玛(Diotima)④的教诲导入,还是只由辩证交谈的论断来导入,古人根本就不会关心我们的理解,因而使我们像面对童话故事时那样不知所措。我们还必须考虑相反的情况,即在柏拉图那里他自己的神话在多大程度上属于辩证努力的进程,因而它们本身具有解释的性质。这样,构想一种柏拉图的解释学就会超出由赫尔曼·龚德特(Herman Gundert)所提供的那些开端而具有极大的教益⑤。

然而,更为重要的是将柏拉图作为解释学思考的对象。柏拉图著作那种富有特色的对话艺术创作介于戏剧文学作品的多重面具性和教

---

① 英文版这里加了双引号,而德文版没有加。——译注

② 这里的"前历史的解释学"与"历史的解释学"同施特劳斯就《真理与方法》致伽达默尔的第2封信中所说的"前—历史主义解释学"与"后—历史主义解释学"相对应。——译注

③ 参见我的《著作集》,第1卷,第312页以下。

④ 底俄堤玛是柏拉图《会饮篇》(201d)中借苏格拉底之口提到的一位外邦女先知。——译注

⑤ 载《O.雷根伯根纪念文集》,海德堡,1952年和《语词》II。

育著作的确实可靠性之间。在这方面,最近数十年提高了我们的解释学意识,就连施特劳斯也在他的论著中以其对柏拉图对话过程中隐藏的意义联系进行破译的一些出色尝试令我们感到惊讶。但不论我们怎样得益于形式分析和其他语文学方法的帮助,真正的解释学基础却是我们自己同柏拉图所涉及的那些实际问题的关系,甚至柏拉图对艺术家的讽刺(正如一切讽刺一样)也只有那些在这件事上了解他的人才能理解。这种情况的结果是:这种破译性的解释保持着"不确定的"状态。它的"真理"是不能被"客观地"指出来的,除非从那种把我们和被解释文本结合在一起的实际上的一致出发。

现在,施特劳斯间接地为解释学理论作出了进一步的重要贡献,因为他研究了一个特别的问题,即这样一个问题:当一个人试图去理解文本时,他在多大程度上不得不去考虑由于官方或教会的迫害压力所造成的对真实意图的有意伪装①。正是对迈蒙尼德、哈勒维和斯宾诺莎的研究首先提供了这样的打量方式的机会。我并不想对施特劳斯所给予的解说提出质疑——它在很大程度上能够说服我——但是我想做一种相反的考虑,这种考虑也许在这些场合中,有它的道理,当然在其他场合,例如在柏拉图的场合,也如此。实际上,对本意有意掩饰、伪装和藏匿相对于经常性的、一般正常情况难道不是少见的极端例子吗?——正如迫害(无论来自官方,还是教会、宗教法庭等)相对于社会和公众有意或无意地施加于人的思想上的压制,都只是一个极端的情况一样。只有当我们完全意识到从一个情况到另一个情况的连续转变,我们才能估计到施特劳斯所处理的问题的解释学困难。我们如何才能比较清楚地确定掩饰呢?所以在我看来,如果我们发现一个作家的矛盾表述,那么像施特劳斯所认为的那样,将隐藏的和偶然的表述当做其真实意图的表述就决不是明确的。人的精神也一定有一种无意识的随大流倾向,把普遍认为清楚明白的东西当做实际上也是真的。相

---

① [列奥·施特劳斯]《迫害与写作艺术》,格伦科,1952 年。

反,人还有一种无意识冲动,要尝试各种极端的可能性,即使它们并不总是能被结合成一个协调的整体,尼采的经验极端主义对此就是一个无可辩驳的证明。矛盾虽然是一个杰出的真理标准,但可惜,它在解释学的事务中决不是明确的标准。

所以,在我看来,例如显而易见的是:施特劳斯这条初看起来很清楚的原理——如果一个作者表现出今天连一个小学生也容易看出的矛盾,那么这些矛盾就是故意的,甚至就是为了被识破——并不能应用到柏拉图笔下的苏格拉底的所谓论证错误。这并不是因为这里我们是在逻辑的开端中活动(谁这样认为,谁就混淆了逻辑思维和逻辑理论),而是因为容忍非逻辑是一种指向交谈事情的本质①。

这个问题具有普遍的解释学的结果,它涉及"作者的意见"这个概念。我在这里不考虑法学中有关法律解释的理论可能提供哪些帮助,我只想讲这一点:无论如何柏拉图的对话是充满关系多义性的样板,正是在这些方面,施特劳斯常常获得重要的发现。难道我们应如此地低估柏拉图笔下的苏格拉底对话所具有的那种类似的真理,以至于在那里我们看不见对话本身,甚至苏格拉底本身的意思之多样性吗?一个作者真正确切地知道他所说的每一句话的意思吗?哲学自我解释的奇妙篇章——我想到康德、费希特或海德格尔——在我看来,说着一种清楚的语言。假如施特劳斯所提出的二择一的说法是正确的,即一个哲学作者要么有一个清楚的意思,要么是混乱的,那么恐怕在许多有争议的解释问题中就只会有一个解释学的结果:将混乱的情况视为是既定的。

为了说明解释学过程的结构,我已明确地提到过亚里士多德关于实践智慧(Phronesis)的分析②。因此,我基本上继续遵循了一条海德

---

① 在我看来,关于这个问题的讨论似乎总没有置于正确观点的基础上,正如Kl.欧勒对 R.K.斯普拉格的论文《柏拉图对谬论的使用》本身值得注意的评论(载《日暮》,1964 年,第 335 页以下)所表现的那样。

② 参见我的《著作集》,第 1 卷,第 315 页以下。

格尔在其早期弗莱堡年代就已选定的路线,当时他反对新康德主义和价值哲学(而最终的结果也许已经反对到胡塞尔本人),而看重一种"实际性的解释学"(Hermeneutik der Faktizität)①。亚里士多德本体论的基础对于海德格尔来说,肯定在其早期的研究中就已经成为可疑的了,它是整个现代哲学,特别是主观性和意识的概念以及历史主义疑难的基础[即后来《存在与时间》中的所谓"现成在手的本体论"(Ontologie des Vorhandenen)]。但有一点,亚里士多德哲学对海德格尔来说其实绝不只是一个与之相对立的形态,而且还是他自己哲学意图的一个真正的保证者,这体现在亚里士多德对柏拉图的"一般理念"(allgemeinen Eidos)的批判方面,以及在积极意义上指出善与如何在行动处境中所要求的善的知识有相似的结构方面。

施特劳斯对古典哲学的辩护最令我吃惊的是,他如此想要将其作为一个统一体来理解,以至于在他看来,由于对善的探讨方式和意义不同而存在于柏拉图和亚里士多德之间的极端对立似乎根本引不起他担忧②③。此外,我早期从海德格尔那里受到的推动对我来说是富有成果的,因为亚里士多德的伦理学出乎意料地使得我更深入地理解解释学问题变得容易了④。我相信,这绝不是对亚里士多德思想的误用,而是指出了一个我们大家从那里出发都可以接受的教导:对抽象和一般的批判,正如这种批判,没有以黑格尔的方式被辩证地推向极端,因而也就没有体现为绝对知识概念上站不住脚的结论,随着历史意识的兴起对解释学处境成了决定性的了。

---

① 参见海德格尔:《存在论(实际性的解释学)》,何卫平译,商务印书馆2016年版。——译注

② [在我最近写的关于柏拉图的长篇论文"柏拉图—亚里士多德善的观念"(载《海德堡科学院论文集》,哲学—历史类,第3集,海德堡,1978年)中,我已试图消除这一所谓的对立——对此L.施特劳斯也许会感到满意]。

③ 参见何卫平:《哲学解释学的伦理学之维——伽达默尔对柏拉图和亚里士多德"善"的观念的解读》,载《道德与文明》2019年第6期。——译注

④ 参见伽达默尔:《诠释学Ⅰ:真理与方法》,洪汉鼎译,商务印书馆2010年版,第441—459页。——译注

　　1956 年,特奥多·里特(Theodor Litt)出版的小册子《历史意识的复兴》以"历史主义及其对手"为题,针对克吕格(Krüger)和勒维特(可惜没有针对施特劳斯)发表了充满活力的争论,该争论在这一点上吸引了我①。当里特将哲学与历史的对抗视为一种新的独断论的危险时,我认为,他是正确的。当道德和政治判断上的失误已导致了恶果时,那么要求有一个确定的、永恒不变的尺度,"它给被召唤着去行动的人们指明方向",这总是具有特殊力量的。追问正义,追问真正的国家,似乎是人类此在存在的基本需要。但在这里,一切取决于这个问题必须怎样来看待、来提出,才能得到澄清。里特指出,这个问题不能指任何在它之下可以纳入实践—政治活动中必须加以判断的特殊情况的普遍准则②。不过,我也惦记着他是否能利用亚里士多德在这里可能给他提供的帮助,因为亚里士多德曾经同样反对过柏拉图。

　　我完全相信:我们必须真正虚心地向古典作家学习,而且我也很懂得重视这一点:施特劳斯不只是提出了这一要求,而且以实际行动在很多方面实现了这一要求。但我还考虑到,我们从古典作家那里学到的东西,还有存在于政治术(politikē technē)与政治实践智慧(politikē Phronēsis)之间不可取消的对立,我认为,这是施特劳斯没有充分考虑到的。

　　对此,无论如何,亚里士多德可以对我们有所帮助的是这一点:不使我们固执于对自然、自然性以及自然法的神圣化之中,这种神圣化只不过是对历史的一种软弱无力的教条主义的批判;相反,我们对历史传统获得了一种更恰当的关系,并更好地理解了存在。此外,我决不认为这一点通过亚里士多德提出的问题对我们来说就已经完成了。但毕竟

---

　　① 　海德堡,1956 年。

　　② 　"试图在对'真正国家'的理念的崇拜中,按照正当性准则的指引去确定,哪一种公共事物的特殊秩序现在是真正的有助于一般的要求在此时此地(hic et nunc)实现,这是一种毫无希望的努力"(第 88 页)。对此,里特(Litt)在他的论文《关于精神科学认识结构中的一般》(1940 年)中作了更详细的论证。

有这种可能:亚里士多德的批判——正像不少诸如此类的批判那样——尽管在其所说的内容上是正确的①,但并非说它针对的那些人是正确的,不过这是一个很广的领域了。

---

① [参见我的《著作集》,第 1 卷,第 422 页,注释 83]。

回忆列奥·施特劳斯：
汉斯-格奥尔格·伽达默尔访谈录[*]

伽达默尔　德·阿尔瓦热兹

　　德国海德堡大学的伽达默尔教授是当代最杰出的学者之一。1976年春,他应邀担任美国达拉斯大学(the University of Dallas)哲学研究所的尤金·麦克德莫特(the Eugene McDermott)客座讲师,为政治学、文学、神学、哲学和心理学的博士生开设了一门跨学科的"解释学"研讨课。在访问期间,他同意接受政治系主任列奥·保罗·德·阿尔瓦热兹(Leo Paul de Alvarez)①教授的采访,内容是关于他对同时代的列奥·施特劳斯的回忆。伽达默尔和施特劳斯是老相识,他们第一次见面是在20世纪20年代,彼时德国学术界相对比较宽松。

　　伽达默尔的思想受到马丁·海德格尔的决定性影响,它在1960年首次出版的《真理与方法》中得到了最全面的阐述。伽达默尔明确地接受了"历史意识",据说这是德国哲学大约在250年

---

　　* 本文译自"Recollections of Leo Strauss:An Interview with Hans-Georg Gadamer",in *The Newsletter*[Politics Department,University of Dallas,Irving,Tx.],vol.II[Spring 1978],pp.4-7.

　　① 列奥·保罗·德·阿尔瓦热兹属于施特劳斯学派成员,著有《马基雅维利的事业:〈君主论〉疏证》(参见中文版,贺志刚译,华东师范大学出版社2009年版)等。——译注

前发现的,是理解人类状况不可或缺的出发点。在他看来,每一个历史时代都生活在一系列根深蒂固的、几乎看不见的信念或"偏见"之中,通过这些信念或"偏见",使获得真理首先成了可能。粗略地讲,解释由传统流传下来的伟大的艺术、文学和哲学作品的任务,涉及解释者的视域与作品最初产生的视域融合,其结果既超越了原作"本身"(in itself),又超越了只是我们时代问题的曲解产品,虽然两者的相互作用有助于真正的理解。这意味着我们永远不可能像作者理解他自己那样去理解一个作者,因为他的问题(和他的时代)必然不同于我们的问题(和我们的时代)。此外,不仅没有对过去的文学和哲学作品的简单正确的解释,而且更重要的是,在人类生活寻找其位置的最终和永恒的标准的意义上,根本就没有真理。

有必要指出,施特劳斯,这次采访的对象,则似乎完全相信一个有能力的思想者可以像过去最优秀的作者理解他们自己一样去理解他们,相信有一个标准,无论怎样难以把握,它都会引导并使人类智慧意识到自己的限度成为可能。

关于文本:编辑在语法和句法上做了一些小的改动,在极少数情况下,由于录音不清楚,做了一点冒险的猜测。访谈发表之前,未经伽达默尔教授审阅。

德·阿尔瓦热兹:您提过,您第一次见到施特劳斯是在 20 世纪 20 年代,也许您可以给我们讲讲在马堡第一次遇到他时的情景。

伽达默尔:好的。那时我是我们很小的学院图书馆的管理员,而且是一个非常粗心和糟糕的管理员,因为我太专注于哲学而不是管理。有一天,我的同学兼密友雅各布·克莱因(Jacob Klein)向我介绍一位个子很矮的年轻学生,他仰望着我——我个子很高——带着一副专注而又多疑的表情。我想我的行为是得体的,甚至是很有礼貌的,但不管怎样,我的朋友克莱因一段时间后告诫我,我应当小心地知道这一点,施特劳斯先生怕我不欣赏他。自那以后，每当他再来的时候，我都对他格外关注，所以我们的关系很正常，但是您知道，他当时并不在马堡学习，他只有在放假的时候过来，去看望他在克尔希海恩（Kirchhain）的家人，克尔希海恩是一个乡村小镇，位于很小的乡村城市马堡附近。

德·阿尔瓦热兹：您说您有这样的印象，他很有雄心抱负，他给您的印象是什么？

伽达默尔：这当然与他看你时脸上的表情有关，其目光中带着某种衡量——某种形式的对他人的评价，"他很傲慢吗？但愿不是！"

德·阿尔瓦热兹：我明白了，他打量任何人都以一种评价和审视的眼光。

伽达默尔：是的。他的确有着非常顶级的品质感——所以，如您所知，他写信告诉过我，而且也对我说过，他在弗莱堡听了海德格尔关于亚里士多德的讲座，然后到柏林听了维尔纳·耶格（Werner Jaeger）关于亚里士多德的讲座；从那以后，对他来说，谁是天才是毫无疑问的。

德·阿尔瓦热兹：您第一次接触施特劳斯的著作是哪一部？

伽达默尔：我希望我没记错，第一部是针对摩西·门德尔松版[1931—1932年]的导言①②。他在柏林时寄给我的。在这部著作中，柏拉图的《斐多》与摩西·门德尔松版的《斐多》形成了鲜明的对比。这本书写得很好，分析得很细，我非常欣赏。然后是关于斯宾诺莎的书③（1930年），而且取得了真正的成功。我的朋友格哈特·克吕格（Gerhardt Krueger）写了一篇很长的书评，发表在德国一个主要期刊

---

① 关于这本书和施特劳斯的其他著作的出版信息可以在 Joseph Cropsey，"Leo Strass：A Bibliography and Memorial，1899 - 1973，" *Interpretation*，5（Winter，1975），第133—147 页中查到。

② 本书指列奥·施特劳斯为 18 世纪德国著名启蒙思想家摩西·门德尔松的《斐多：或者灵魂不死的三场对话》写的导言。伽达默尔这里涉及的内容，可参见中文版，施特劳斯：《门德尔松与莱辛》，第二部分"门德尔松篇目提要"（1931—1937），卢白羽译，华夏出版社 2012 年版，第 65—115 页。——译注

③ 指施特劳斯《斯宾诺莎的宗教批判》（参见中文版，李永晶译，华夏出版社 2013 年版）。——译注

《德意志文献报》（*Die deutsche Literaturzeitung*）上①，给予了高度赞扬。实际上，这本书也给我留下了深刻的印象，尤其是他在书中提到的古今之争（*querelle des anciens et des modernee*），这是我自己后来探讨的一个课题，而且我知道，此乃施特劳斯对我的某个关键的衡量尺度。我想这是最初的相遇。我与他第二次有意义的相遇是 1933 年在巴黎，时逢德国大难临头刚刚开始不久②。

德·阿尔瓦热兹：这不是您最后一次离开德国，对吧？因为您后来出来过——

伽达默尔：的确，这是最后一次，因为当时还有货币限制，我很穷，但我估计这可能是最后一次出国机会。在巴黎我遇到了施特劳斯和〔亚历山大〕科耶夫（〔Alexandre〕Kojève）③，我们在一起度过了非常愉快的一周。

德·阿尔瓦热兹：我想在您告诉我您当时对施特劳斯的印象时，您形容他既自负又谦虚。

伽达默尔：是的。不过，在这个特殊场合，他显得非常轻松，非常放得开并且很热情，从那以后，我想，我们就有了一个良好的基本关系。当然，因为他也看到我并没有被当时德国普遍的疯狂举动所浸染，我们之间的关系非常友好，同科耶夫的关系也如此。

德·阿尔瓦热兹：您还讲过他来到美国后与美国的特殊关系，您认为这对他的著作有怎样影响？

伽达默尔：当然，这是我在他后来的著作中，特别是在看到他的思

---

① 格哈特·克吕格：《斯宾诺莎的宗教批判作为其圣经学的基础》（*Die Religionskritik Spinozas als Grundlage seiner Bibelwissenschaft*，Berlin：Akademie Verlag，1930），载《德意志文献报》（*Die Deutsche Literaturzeitung*），第 51 期（1931 年 12 月 20 日），第 2407—2412 页（中译文载列奥·施特劳斯：《斯宾诺莎的宗教批判》，李永晶译，华夏出版社 2013 年版，第 494—502 页）。——译注

② 指 1933 年希特勒赢得大选，上台成为德国元首，他所领导的纳粹党开始执政。——译注

③ 科耶夫是德、法现象学运动重要的关联人物之一，著名的《黑格尔导读》的作者（该书中文版，参见姜志辉译，译林出版社 2005 年版）。——译注

想对这个国家的巨大影响时认识到的。人们不得不问,造成这种影响的基础是什么。我当然明白,人们不容易解释他精神上的这种巨大的辐射力。我认为主要的一点是他性格中那种绝对的勇气,它与谦虚、甚至孩子气紧密联系在一起——他很有勇气,喜欢说他认为是自明的和正确的事情,并坚持己见。我认为,他在新大陆给所有人留下深刻印象的第一种态度,就是他反对普遍的乐观主义和进步的信念。

德·阿尔瓦热兹:您认为那是与美国的对抗吗?

伽达默尔:是的。一个有如此影响的人———一个学术扎实、阅读和解释非常清晰的人,当然还有对对话伙伴特别关注的人,有如此细心、多疑而又观察得那么多的人,实属罕见。我认为,这就是他作为一名教授的总的态度。

德·阿尔瓦热兹:您读过阿纳斯塔普罗(Anastaplo)教授就施特劳斯离开芝加哥大学发表的简短讲话吗?据他告知,一名有犯罪前科的人曾说,施特劳斯让他想起了"一个即将越狱的囚犯"①。

伽达默尔:[笑]是的,我读了。

德·阿尔瓦热兹:我想您告诉过我,如果您要评价他的作品,《迫害与写作艺术》将是核心。

伽达默尔:没错,对我本人来说是这样的,而且认为这是有特殊原因的。人们可能会说,为什么不是——

德·阿尔瓦热兹:——《关于马基雅维里的思考》②?

伽达默尔:——为什么不是《自然权利与历史》③? 为什么不是?答曰:在《迫害与写作艺术》中揭露了一个解释学问题,这个问题长期以来对我而言充满特殊的意义,即我们如何验证"反话"(irony)或"低

---

① George Anastaplo, "On Leo Strauss: A Yahrzeit Remembrance," *University of Chicago Magazine*, 67(Winter 1974), 34.

② 指施特劳斯《关于马基雅维里思考》(参见中文版,申彤译,译林出版社 2004 年版)。——译注

③ 指施特劳斯《自然权利与历史》(参见中文版,彭刚译,三联书店 2003 年版)。——译注

调陈述"(understatement)的问题。当然,在这一点上,我们可以看到当时共同理解的基本前提:没有被理解的反话是完全失败的。这个解释学问题尤其使我感兴趣:一个人如何能证明过去所言的某件事不带严肃认真的意图,而是为了隐瞒某件事,或暗指另一件事?

德·阿尔瓦热兹:而您,当然,对此持保留意见?

伽达默尔:就这个普遍问题或兴趣来说,我没有保留意见。但在某些具体的应用中,我并不总确信它是施特劳斯观察的关键。在有些情况下,他可能夸大了自己的观察。

德·阿尔瓦热兹:如果他一直待在欧洲,您认为他的工作会有什么影响? 一直有吗? 您认为它会比在美国的影响小得多吗? 假如他回到欧洲,成为一名教授,他的工作在那里会不会没有像您所说的那么大的影响,那么光彩夺目?

伽达默尔:我不确定(他是否会有他在美国那样的影响)。当然,第二次世界大战以后,德国的情况发生了变化,尤其是最近十年,我想说,对美国文明形式的模仿走得太远了。尽管如此,我想说的是,他对进步的怀疑在德国不会引人注目,至少从斯宾格勒①和第一次世界大战的打击,以及自由主义乐观主义被战争的恐怖彻底摧毁以来,知识分子中间有一种普遍趋向:对这种乐观主义持怀疑态度。

德·阿尔瓦热兹:然而这种对进步的信念仍然在美国的知识分子中盛行吗?

伽达默尔:是的,完全正确。我们(在欧洲)已经预计到所有对自由主义、乐观主义的保留和怀疑,我们在第一次世界大战时就预计到了。

德·阿尔瓦热兹:当他在 20 世纪 50 年代回到德国时,您对他有什么值得注意的印象吗?

---

① Oswald Spengler, *The Decline of the West*.——原注(中文版参见奥斯瓦尔德·斯宾格勒:《西方的没落》,齐世荣、田农等译,商务印书馆 2001 年版。——译者补注)

伽达默尔：我忘了他为什么回来；不过，他通知我他要回来，我就写信告诉他，应该到海德堡做一次演讲，他接受了。我们在一起度过了非常愉快的两天，聊了很久。我记得有一次谈话，尤其是关于我们有分歧的一段话——我批评了他演讲中的一个观点——然后我说，我认为我们应当永远假定柏拉图看到的要比他说的多。"你能这样讲吗？"施特劳斯问道，我说，"是的，我能。"但我认为他也看到了他后来在一封信中证实的事情，信中他谈到了我们立场上惊人的一致。

德·阿尔瓦热兹：所以，您和他有一些通信？

伽达默尔：是的，我寄给他一本我的著作①，我想他是第一个认真阅读这本书的人。为此他给我写了两封长信；第一封是手写的，您知道他的笔迹几乎无法辨认——隐秘的书写。我在这方面特别有天赋，但我不太确定我是否理解了信里的所有内容。接下来的一封信他用打字机写的，是英文②。

德·阿尔瓦热兹：我想，您提到过，您并不直接了解施特劳斯与海德格尔关系的所有情况。

伽达默尔：是的，我知道的都是已知的。战后，施特劳斯避免与海德格尔接触，我认为是真实的。

德·阿尔瓦热兹：但是他自己没有对您说过有关海德格尔的任何事吗？

伽达默尔：我想起来了，海德格尔有一篇关于尼采的论文，提到尼采的永恒轮回，并用现代工业对生活的自动化来说明这一点③，施特劳斯给我写了一封措辞极为愤怒的信："这太荒谬了！"对此他无法相信。我认为他从未重复过这第一次愤怒，因为海德格尔那句话非常深刻。

---

① *Wahrheit und Methode*（Tübingen, 1960）; translation *Truth and Method*（New York：Seabury, 1975）.

② "The correspondence between Gadamer and Strauss is to be published", in *The Independent Journal of Philosophy*, 1（1978）.

③ Martin Heidegger, "Who is Nietzsche's Zarathustra?" *Review of Metaphysics*, 20（1967）, 411-431（the German original was published in 1954）.

德·阿尔瓦热兹:您对他的工作总体上还有什么进一步的印象吗?

伽达默尔:您知道,每个学者都有一个真正开放的时期,然后在其生命的后期,他更专注自己的任务、思想和对自己思想的解释。所以对我影响最大的是那本关于霍布斯的书[1936年]①,因为那时我还在准备自己的思路,我深受启发,尤其是他将霍布斯思想的开端追溯到他对修昔底德的翻译,追溯到智者派的立场——霍布斯从修昔底德,更广泛地说,从契约论的行为和道德的基础出发,等等——所有这一切都让我非常信服。当我后来听说他在这本书中从未为自己的一些观点辩护时,我想我有点失望。

德·阿尔瓦热兹:他在《关于马基雅维利的思考》中改变了自己的看法,但您对马基雅维利的著作不如对霍布斯熟悉——

伽达默尔:不如,这就是我为什么对这本书不太熟悉的原因。几年后,我惊讶地发现,他的书中有一种非常——怎么说呢——惜墨如金(understating)的特点。它几乎是一份报告或一份转录、一份概要。不太容易看出这份概要化的形式是一种解释,不仅如此,是一种强调。但我当然明白他的意思——对于他的兴趣以及诸如此类——虽然我并没有真正研究他关于阿里斯托芬的书;在那里,我知道他没有得到语言学家的赞同。我认为施特劳斯在他的书中比在谈话或教学中更引人入胜,因为他在书中以极端的沉默给出了许多优美的评论。我也喜欢他和克莱因的交流["A Giving of Accounts"②,1970年]。我最后一次见到他时,他留着小胡子:显示出一个孩子似的虚荣心。

德·阿尔瓦热兹:您认为他为什么会用如此简短和概括的方式来写作?您认为他最后几本书为什么以这种特殊的方式写作?这样做有什么目的吗?

---

① 指施特劳斯《霍布斯的政治哲学》(参见中文版,申彤译,译林出版社2001年版)。——译注

② 参见"A Giving of Accounts:Jacob Klein and Leo Strauss",in *Jewish philosophy and the Crisis of Modernity*:*Essays and Lectures in Modern Jewish Thought* ed.K.H.Green. Albany:State University of New York Press,1997。——译注

伽达默尔:噢,我认为他相信常识及其自我解释的力量,它可以自己说话,我想这就是原因。

德·阿尔瓦热兹:看来他的意图不是要妨碍作者;解释者应该尽可能少地妨碍文本和读者之间的交流。——为什么您认为他转向了政治哲学?他转向了政治学,而不是哲学本身,关于为什么,我想知道,您是否有任何看法或意见?

伽达默尔:要给出一个好的回答并不容易,因为我们必须追溯到施特劳斯成长的决定性年代。那段时间,我和他接触并不密切,愿望也不强烈。他在汉堡完成了他的哲学论文①,我认为,做了一些技术上的调整处理,他对它评价不高。我从没有看过他的论文。我认为这件事之所以很有意义,是因为它显示了他的兴趣。在那之后,他去了柏林的犹太科学院,研究门德尔松。但为什么他向洛克菲勒基金会申请研究霍布斯的政治哲学——我认为,这是出于对德意志共和国软弱的最初感觉。所以,他问,在这个他从未预料到自己会被流放的时候,德国议会制度的弱点是什么?当然,他看到了《凡尔赛条约》的失败和错误,也看到了以前的德国和这种人为的民主之间缺乏连续性,我认为,他对自由乐观主义的批判与德国政治局势中自由陷入僵局的内心感受相联系。他也关注犹太宗教文化的世俗化。我认为,他早期对犹太复国主义的兴趣一方面与他对同化的批判有关,另一方面与他对现代民族国家限度的批判有关,但这些只是猜测。

德·阿尔瓦热兹:您那时并没有与他真正接触。

伽达默尔:没有,只是在很短的偶然场合,从 1933 年开始才有了真正的友谊基础②。

德·阿尔瓦热兹:还想到了别的吗?您说,您有这篇纪念文章,或者您有一些评论……

---

① 指施特劳斯在汉堡大学完成的哲学博士论文。——译注
② 指前面讲的 1933 年伽达默尔在巴黎与施特劳斯见面之后。——译注

伽达默尔:是的。他去世的时候,在多伦多[艾伦]波鲁姆([Ailan]Bloom)先生组织的一个纪念仪式上,我就他的哲学发表了一些没有准备的评论。我被他的死深深触动,因为就在几天前,我收到克莱因的一封信,信中说,列奥·施特劳斯去世了,令我震惊的是直到生命的最后一刻他还在写作。

德·阿尔瓦热兹:是的,他最后几年很高产。好的,非常感谢您。

　　附:外文原文

The NEWSLETTER.

Spring 1978 Politics Department, University of Dallas, Irving, Tx.

VOLUME II　　　　　　　　　Spring 1978　　　　　　　　　NUMBER 1

CONTENTS

RECOLLECTIONS OF LEO STRAUSS:
An Interview with Hans-Georg Gadamer.

Professor Hans-Georg Gadamer, of Germany's University of Heidelberg, is among the most distinguished scholars living today. In the Spring of 1976, Gadamer was brought to the University of Dallas as the Eugene McDermott Lecturer in the Institute of Philosophic Studies. He taught an interdisciplinary seminar on "Hermeneutics" to the Ph.D. students in Politics, Literature, Theology, Philosophy, and Psychology. During his visit he agreed to be interviewed by Professor Leo Paul de Alvarez, chairman of the Department of Politics, concerning his reminiscences of his contemporary Leo Strauss. Gadamer and Strauss were long-time acquaintances, having first met in the relatively more intimate German academic world of the 1920's.

Gadamer's thought, decisively influenced by Martin Heidegger, is presented most comprehensively in his Truth and Method, first published in 1960. Gadamer explicitly embraces the "historical consciousness," said to have been discovered by German philosophy about 250 years ago, as the indispensable starting point for understanding the human condition. In his view every historical epoch lives within a fabric of deeply held, almost invisible convictions or "prejudices," through which access to truth first becomes possible. Roughly stated, the task of interpreting the great works of art, literature, and philosophy handed down by the tradition, involves a merging together of the interpreter's horizon with the horizon out of which the work first arose. The result is something more than either the original work "in itself" or a merely distorted product of questions of our era, although the interplay of both contributes to genuine understanding. This means that it is never possible to understand an author as the author understood himself, for his questions (and his time) are necessarily different from our questions (and our time). Moreover, not only is there no simply correct interpretation of literary and philosophical works of the past, but more important, there is no truth at all in the sense of a final and eternal standard within which human life finds its place.

It might be useful to state that Strauss, the subject of this interview, seemed fully persuaded that a competent thinker could understand

the best authors of the past as they understood themselves, and that there is a standard, however elusive, which guides and makes possible a human wisdom aware of its limits.

On the text: Some minor changes in grammar and syntax have been made by the editor. In a very few instances, where the recording was unclear, conjectures have been ventured. Professor Gadamer has not reviewed the transcript prior to publication.

★

De Alvarez: You mentioned that you first met Strauss in the 1920's. Perhaps you could tell the story of your first meeting with him at the University of Marburg.

Gadamer: Yes. I was at this time the administrator of our small institute library, and a very careless and bad administrator, because I was so committed to philosophy and not to administration. Well, one day [Jacob] Klein, my fellow student and close friend, introduced to me a very short, young student who looked up at me—I was very tall—with a sort of attentive and suspicious expression. And I thought that I was correct and even polite, but nevertheless, my friend Klein some time afterward warned me that I might perhaps care to know that Mr. Strauss was afraid that I did not appreciate him. After that I gave him special attention when he came again from time to time. So we had a very normal relationship. But you know that he was not studying in Marburg; he came only during vacation time, when he visited his family in Kirchhain, a small, very small village-like town in the neighborhood of the very small village-like city of Marburg.

De Alvarez: You said that you had the impression that he was very ambitious. How did he give you that impression?

Gadamer: That was of course connected with this expression on his face when he looked at you. There was some measuring in the look—some form of evaluating the other. "Is he superior? I hope not!"

De Alvarez: So—I see. He looked at everyone in terms of evaluating or measuring.

Gadamer: Yes. And of course he had this extreme sense of quality—so that, as you know, he wrote, and he said it also to myself, that he

The NEWSLETTER Spring 1978 Page 5

listened to Heidegger in Freiburg lecture about Aristotle, and then he came to Berlin and he listened to Werner Jaeger lecture about Aristotle; and that since then there was no question for him which was the genius.

De Alvarez: What was your first acquaintance with Strauss's work?

Gadamer: I hope I am right in saying that the first was the introductions to the edition of Moses Mendelssohn [1931-32].[1] That he sent me when he was in Berlin. In that work there was in particular a confrontation of the *Phaedo* of Plato with the *Phaedo* of Moses Mendelssohn. That was a very good, careful analysis, and I appreciated it. Then came the Spinoza book [1930], and that had a real success. My friend Gerhardt Krueger wrote a long critical article and praised it very highly in one of the leading periodicals of Germany, *Die deutsche Literaturzeitung*. And as a matter of fact I too was impressed by the book and especially by the fact that he pointed there to the *querelle des anciens et des modernes*. That is a topic that I pursued later myself, and I know that for me it remained some key measurement of Strauss. That, I think, was the first. I think my next meaningful encounter with him was in Paris in 1933, immediately after the beginning of the German catastrophe.

De Alvarez: This was not the last time you were out of Germany, was it? Because you came later—

Gadamer: Yes indeed, it was the last time because there was also the restriction of money at this time. I was very poor, but I anticipated that it would be the last occasion to go abroad. There in Paris I met Strauss and [Alexandre] Kojève, and we had a very nice week together.

De Alvarez: I think that when you were telling me about your impressions of Strauss at that time, you characterized him as having both assumption and modesty.

Gadamer: Yes. Well, on this special occasion, he was very gay, and very open and warm, and since then, I think, we have had a good basic relationship. Because he saw, of course, that I was not infected by this general insanity in Germany, and we had a very amicable relationship. Also with Kojève.

De Alvarez: You also said something about his special relationship with America, when he came to the United States. How do you think that influenced his work?

Gadamer: Of course that is what I realized in reading his later books, and in seeing, especially, the tremendous impact his thinking had in this country. And so one had to ask oneself, what is the basis for it, and I certainly appreciated that one couldn't easily explain the fact of this broad radiation of his spirit. I think one of the main points was this absolute courage in his personality, which was so closely connected with modesty and even childishness—he had courage and he liked to say and to stand for what he found evident and correct. And I think that the first attitude of his on the new continent which struck everyone, was that he opposed the general optimism and belief in progress.

De Alvarez: You think that was the confrontation with America?

Gadamer: Yes. It is so rare for such a man to have such influence—a man of his academic solidity, his clear reading and interpreting, and also of course with this special attention he had for the partner in speaking, this attentive and suspicious nature which observed so much. That was, I think, his general attitude as a professor.

De Alvarez: Did you read Professor Anastaplo's little speech upon Strauss's leaving the University of Chicago? He reported that an ex-convict had once said that Strauss reminded him of "a con about to make a break."[2]

Gadamer: [Laughing] Yes, I did.

De Alvarez: I think you told me that if you were to evaluate his work, *Persecution and the Art of Writing* would be central.

Gadamer: Yes. That is true for myself. And I think that has special reasons. One could say, why not—

De Alvarez: —*Thoughts on Machiavelli*?

Gadamer: —why not *Natural Right and History*? Why not that? The answer is that a hermeneutical problem is exposed in *Persecution and the Art of Writing*—a problem which has been charged with special meaning for me for a long time—the problem of how we can verify irony or understatement. And there one sees, of course, the basic presupposition of the common understanding of the day; an irony which is not understood fails completely. This hermeneutical problem—how can one demonstrate that something in the past is not said with a serious intention, but to conceal something, or to allude to something else?—interested me especially.

De Alvarez: And you, of course, have some reservations about that?

Gadamer: I do not have reservations about

this general question or interest. But in some concrete applications I am not always convinced that it is the key for the observations which Strauss made. It could be that in some cases he overdid his own observations.

De Alvarez: And if he had been in Europe, what do you think the effect of his work would have been? Do you think that it would have been much more muted than its effect in America? Suppose that he had returned and become a professor in Europe: would his work have had less effect there, less radiance, as you put it?

Gadamer: There I am not so sure [that he would have had the effect he did in America]. After the Second World War, of course, the situation in Germany changed, and especially in the last ten years I would say that the imitation of the American form of civilization advanced too far. Nevertheless, I would say that his disbelief in progress would not have been striking in Germany. There was a general trend among the intellectuals to be doubtful of this optimism at least since Spengler[3] and the clash of the First World War, and the complete breakdown of liberal optimism by the terror of the war.

De Alvarez: Whereas this belief in progress still prevailed among American intellectuals?

Gadamer: Yes. Exactly. We [in Europe] had anticipated all of the reservations and doubts against liberalistic optimism. We anticipated it by the First World War.

De Alvarez: Did you have any noteworthy impressions of him when he returned to Germany in the 50's?

Gadamer: I've forgotten why he came back; however, he informed me that he was coming, and I wrote him and told him that he should come to Heidelberg to give a lecture. He accepted, and we had a very good two days together, and long conversations. I remember one conversation especially about a passage where we had a disagreement—I had criticized a point in his lecture—and then I said that I think we should always assume that Plato saw more than he said. "Can you say that?" Strauss asked, and I said, "Yes, I can." But I think that he also saw then what he confirmed later in a letter, where he spoke about the strange overlapping of our positions.

De Alvarez: So you had some correspondence with him?

Gadamer: Yes, I sent him a copy of my book,[4] and he was, I think, the first to dedicate

to it a very careful reading. He wrote me two long letters about it; the first letter was handwritten, and you know that his handwriting is almost indecipherable—cryptic writing. I have a special talent for it, but nevertheless I am not quite sure that I deciphered everything in the letter. And then for the next one he used a typewriter, and it was in English.[5]

De Alvarez: You mentioned, I think, that you don't know anything directly about the relationship between Strauss and Heidegger.

Gadamer: No.   What I do know is known. Strauss avoided any contact with Heidegger after the war. I think that is true.

De Alvarez: But he himself said nothing about Heidegger to you?

Gadamer: I remember once—it comes to me at the moment. There was an article of Heidegger about Nietzsche, where Heidegger, referring to the eternal return in Nietzsche, illustrated it by the automatization of life by modern industry.[6] Strauss wrote me a very indignant statement: "That is preposterous!" He could not believe it. I think that he never repeated this first indignation because that statement of Heidegger was very profound.

De Alvarez: Do you have any further impressions about his work in general?

Gadamer: You know every scholar has a time of real openness, and then in a later epoch of his life, he is more engaged in his own tasks and thoughts and interpretations of his thoughts. So it was especially the book about Hobbes [1936] which affected me, because at this time I was still in preparation of my own line of thoughts. I was very inspired, especially by his tracing back the beginnings of Hobbes's thought to his translation of Thucydides and to the sophistic position—Hobbes started with Thucydides—and more generally, the ethological and moral foundation of the theory of contract and so forth in Hobbes—all of this convinced me very much. When I heard later that he never defended some of his points in this book, I think that I was a little disappointed.

De Alvarez: He reversed himself in his *Thoughts on Machiavelli*. But you're not acquainted with the Machiavelli work so much as with the Hobbes—

Gadamer: Not so much. That is the reason why I am not so acquainted with this book. I saw with some surprise in later years that his books had a very—how should I say—understating character. It was almost a report or a

The NEWSLETTER   Spring 1978   Page 7

transcription, a summary. And it is not so easy to see that this form of summarizing is an interpretation, and, more than that, an accentuation. But of course I saw his point—for his interest and so forth—although I did not really study his book about Aristophanes; there I know that he did not find the approval of the philologists. I think that Strauss in his books is more provoking than in conversation or in teaching, because in them he gives so many fine remarks with extreme reticence. I like also the exchange he had with Klein ["A Giving of Accounts," 1970]. When I saw him for the last time, he had a small moustache: he showed there the vanity of a child.

De Alvarez: Why do you think that he wrote in such a brief and summarizing sort of way? Why do you think that he wrote those last books in this particular way? Is there a purpose to that?

Gadamer: Well, I think that he believed in common sense and its power of self-interpretation. It could speak for itself. I think that that was the reason.

De Alvarez: It seems that his intention was not to get in the way of the author; the interpreter should get in the way as little as possible between the text and the reader. —Why do you think that he turned to political philosophy? Instead of philosophy as such, he turned to politics. I wondered if you had any indication, or any opinion, as to why?

Gadamer: To give a good answer is not so easy, because one has to go back to the decisive years of the formation of Strauss. And that was a time in which my contact with him was not very intimate or strong. He finished his dissertation in philosophy in Hamburg and did it, I think, with some technical adjustment. He did not evaluate it very highly. I never saw his dissertation. And I think that event was meaningful as a revelation of his interests. After that, of course, he was at the Academy of Jewish Sciences in Berlin, working on Mendelssohn. But why he proposed to the Rockefeller Foundation to work on Hobbes's political philosophy —I think it was a sort of first feeling of the weakness of the German republic. So he asked, at this time when he never foresaw that he would be exiled, he asked what is the reason for the weakness of this parliamentary system in Germany? Certainly he saw the failures, the mistakes, of the Treaty of Versailles and the lack of continuity between the former Germany and this artificial democracy. I think his cri-

tique of liberal optimism was connected with this inner feeling of the impasse of liberty in the German political situation. He was also concerned about the secularization of the Jewish religious culture. I think his early interest in Zionism is connected with his critique of assimilation on the one hand, and the limitation of the modern national states on the other. But these are only hypotheses.

De Alvarez: So you were not really in touch with him at this time.

Gadamer: No, only for short occasions. Only since '33 dates some basis for real friendship.

De Alvarez: Is there anything else that comes to mind? You have this memorial essay, you say, or some remarks that you made. . . .

Gadamer: Yes, upon the occasion of his death, Mr. [Allan] Bloom organized a ceremonial occasion in Toronto as a memorial act, and there I spoke some unprepared remarks about his philosophy. I was deeply moved by his death because it had only been a few days since I had received a letter from Klein in which he said that Leo Strauss had died. It was a real surprise for me, since he was writing up to the last moment.

De Alvarez: Yes, he was very productive in his last years. Well, thank you very much.

●

1. Publication information on this and other works of Strauss may be found in Joseph Cropsey, "Leo Strauss: A Bibliography and Memorial, 1899-1973," *Interpretation*, 5 (Winter, 1975), 133-147.
2. George Anastaplo, "On Leo Strauss: A Yahrzeit Remembrance," *University of Chicago Magazine*, 67 (Winter 1974), 34. Reprinted in Anastaplo, *The Artist as Thinker* (Athens, Ohio, 1983).
3. Oswald Spengler, *The Decline of the West*.
4. *Wahrheit und Methode* (Tübingen, 1960); translation *Truth and Method* (New York: Seabury, 1975).
5. The correspondence between Gadamer and Strauss is to be published in *The Independent Journal of Philosophy*, 1 (1978).
6. Martin Heidegger, "Who is Nietzsche's Zarathustra?" *Review of Metaphysics*, 20 (1967), 411-431 (the German original was published in 1954).

*伽达默尔论施特劳斯：一次访谈**

伽达默尔　福尔廷

下面的访谈于 1981 年 12 月 11 日在波士顿学院举行。恩斯特·L.福尔廷（Ernest L.Fortin）教授负责组织和之后的编辑。伽达默尔教授阅读了编辑后的访谈并表示认可。贝梯·T.拉夫（Betty T.Rahv）教授和约翰·瓦尔特斯（John Walters）先生担任记录。弗雷德里克·G.劳伦斯（Frederick G.Lawrence）教授对编辑工作提供了很有价值的帮助。

福尔廷：这个国家有许多哲学家和政治理论家都很想更多地了解您同已故的列奥·施特劳斯之间一生的交往。也许您可以从描述 20 世纪 20 年代早期马堡学派的氛围开始，那显然是一个激动人心的时期，或许是 20 世纪思想史上最激动人心的时期，当年的学生们是不是有激动的感觉？

伽达默尔：那时我们正生活在一个政治巨变的年代。人人都意识到新的议会民主在一个还没有为此作好准备的国家的影响，普遍感觉很迷茫。有一天——那时的我还很年轻——我们一些人聚集到一起，

　　* 本文译自 Ernest L.Fortin, "Gadamer on Strauss: An Interview", in *Interpretation*, Jan.1984,vol.12,Nub.1,pp.1–13。

　　** 杂志编者衷心感谢由 Pi Sigma Alpha 政治科学荣誉会资助的美国政治科学协会口述历史研究项目，促成了这次访谈并允许在《解释》（*Interpretation*）杂志上发表，以飨读者。

问："我们应该做什么？"，"如何才能重建世界？"，回答五花八门。有人认为我们应该追随马克斯·韦伯；另外一些人认为应该追随奥托·冯·基尔克（Otto von Gierke）；还有一些人则认为应该追随拉宾德拉纳特·泰戈尔（Rabindranath Tagore），后者由于一些感人的戏剧的翻译，在第一次世界大战刚刚结束时成了德国最受欢迎的诗人（他是那托普的好友，有时来德国，我曾见过他一次：长着一副先知模样的巨人形象，太奇妙了！那托普自己则是伪装成侏儒的巨人）。年轻的列奥·施特劳斯同样关心这些问题，也到处寻找方向。他曾在汉堡师从卡西勒，但对其政治观点不感兴趣。

福尔廷：您第一次遇见施特劳斯是什么时候？

伽达默尔：1920 年左右。他本人从未在马堡学习过，但他老家基希海恩镇（Kirchhain）离马堡只有几英里远，他有时来我们的图书室，而我是这个图书室的所谓"管理员"，也就是负责搜集学生们所需要的书。我们的预算并不大，但图书室办得很不错。我们初次见面的情景至今印象深刻，他个子矮而我个子高，我尤其记得他有趣的样子：神秘秘的、怀疑的、讽刺的，并且总是有点顽皮。我们有一个共同的朋友，雅可布·克莱因（Jacob Klein），他曾提醒过我，施特劳斯对我有点心存疑虑，不是说我反对犹太人——我怀疑他是否曾经朝这个方面想过——但他一定在我身上察觉到一种因为成功而自豪的年轻学生特有的傲气。他可能是对的，知道他如此地敏感，我打那以后非常小心地不得罪他。我们关系很好，不时在一起交谈，但此外就没有什么联系了。

我们第一次真正熟悉起来是过后很久的 1933 年，我有机会出国旅行。当时德国正经历着另一场剧变，不允许任何人携带超过 300 马克出国。对我来说，这个数目已算是一笔小小的财富，几乎构不成什么限制。不过，尽管如此，这却是一个警告，我还是有先见之明，意识到用不了多久，他们就会禁止我们携带一个硬币出国了。我来到巴黎，施特劳斯当时受洛克菲勒基金资助也在那里，我们一起度过了十天的美好时光。这期间,他将我介绍给科耶夫(Kojève)①,还带我去了一家犹太餐馆,我们谈了很多关于希特勒上台之前的德国形势以及法国的反应。有一天我们去看电影,新闻短片中含有一个片段,标题是"德国裸体运动"(German Nudism),它变成了近期一个体育事件的报道。这里提到的"裸体运动"指的是身着运动服的运动员的裸体运动!这一体育事件有军事检阅的一面——您知道,我们是组织的大师——而参与者看起来有点像机器人。法国人还不习惯这类场面,觉得人被这样完全严格组织起来很滑稽,整个剧院顿时哄堂大笑②。所有这些,对于我这样一个以前没有过旅行许可、未曾离开过德国的年轻教师来说,完全是新鲜的。

自那以后,我们经常保持联系。他将他的著作送给我,其中关于霍布斯的那一本我特别感兴趣,因为它与我自己关于智者派政治思想的研究有关,这刚好是那时我最关注的课题之一,尽管后来在德国讨论政治问题变得太危险,我迫不得已放弃了这一课题。人们不可能讨论智者派而不影射卡尔·施米特(Carl Schmitt),纳粹党的主要理论家之一,所以我只好转向比较中性化的题目,如亚里士多德的物理学。

战后,施特劳斯来德国,我邀请他做过一次讲座(1954 年在海德堡)。记得当时他讲的是苏格拉底。亚历山大·吕斯托(Alexander Rustow)听了讲演,虽然不赞同他的观点,却完全为他的魅力、机智和表达的优雅所迷住。吕斯托当时年近 70,是一个颇有声望的人物,曾经是马克斯·韦伯的学生,并接替了他在海德堡大学的教席,他是一个生

---

① 亚历山大·科耶夫(Alexandre Kojève,俄语为 Aleksandr Kožévnikov,1902—1968),法国哲学家,出生于俄国莫斯科的一个犹太贵族家庭,1919 年到德国海德堡大学留学,1926 年在雅斯贝尔斯指导下完成博士论文,1933 年移居法国,在巴黎高等实用学院讲授过黑格尔的《精神现象学》,影响了一大批法国哲学家(包括拉康、梅洛—庞蒂、萨特、加缪等人),其代表作有著名的《黑格尔导论》等。施特劳斯 20 世纪 20 年代就与科耶夫相识,一直保持密切的联系,虽然两人的学术观点不同。——译注

② 参见伽达默尔在其《哲学生涯》(Philosophische Lehrjahre,Frankfurt am Main,1977,第 50—51 页)中对这一点的叙述。[中文版参见陈春文译,商务印书馆 2003 年版,第 42 页]。——译者补注

活在 20 世纪的伏尔泰式的人物，写过一些有关工业社会的优秀著作，但同时也是一位杰出的古典学者。

施特劳斯和我一起度过了当天的其余时光。我妻子特别惊讶于他不断回到相同问题的方式，尤其是当我们谈论柏拉图的时候。这些问题中有的重新出现在我们公开发表的通信里①。它们表明了我们的立场有奇异的重叠，同时也有一些重要的分歧。主要分歧涉及古代人和现代人（the Ancients and the Moderns）的问题：在什么程度上，17 世纪那场著名争论②可以在 20 世纪重新展开，以及是否仍有可能与古代人站在一起反对现代人？我认为，这种争论是必要的，因为它挑战现代性这个阶段，促使其寻求自身的根据，但是，这个选择并不真的是一个开放的选择。我试图使施特劳斯相信，人们可以承认柏拉图和亚里士多德的优越性，而不陷入这种观点：他们的思想可以直接恢复，尽管我们得认真对待他们对我们自己的偏见所提出的挑战，但我们在解释学上也会不遗余力地去找到通向他们的桥梁。

我忘了提到，在很早以前，20 年代后期，我曾为我的古典学老师保罗·弗里德伦德（Paul Friedländer）写过一篇论亚里士多德实践智慧（*phronesis*）的论文③。弗里德伦德是一个柏拉图主义者，他不怎么引用亚里士多德。我为施特劳斯处理柏拉图与亚里士多德之间的冲突问题的方式所吸引，但从未听到过对这问题有一个真正的回答，因此，我将这篇论文的副本寄给他。他给我写了一封信（战争期间毁掉了），在信中，他赞扬了此文，但反对我用某些现代术语，诸如"沉积"（sedimentation）之类，去解释亚里士多德的思想。这正是我们分歧的关键。进入一个文本的意义并不要求我们讲它的语言，一个人不能讲另一个时代

---

① 参见 L. Strauss and H-G. Gadamer, "Correspondence Concerning *Wahrheit und Methode*," *The Independent Journal of Philosophy* 2 (1978), pp.5–12.

② 指"古今之争"。——译注

③ 该文从未公开发表，但其结论的一个应用参见 *Der aristotelische Protreptiko und die entwicklungsgeschichtliche Betrachtung der aristotelischen Ethik*," *Hermes* 63 (1927), pp.138–164。

的语言。就这个问题,我后来在汉斯·罗斯(Hans Rose)的《作为西方艺术思考形式的古典作品》(*Klassik als künstlerische Denkenform des Abendlands*)(慕尼黑,1937 年)一书的激发下,写了一篇评论性的文章①。罗斯是一位艺术史家,他一直试图避免用现代术语来描述古典作品,但这仍然没能阻止他将书中有一章的标题命名为"个性"(Die Persönlichkeit/Personality),而"个性"显然不是一个古典词汇。

福尔廷:让我们回到马堡,在 20 年代马堡学派的领袖是谁? 那托普吗?

伽达默尔:对,是他。但是,你知道,对于比较年轻的一代来说,领袖总是尚未被发现的那一位,他不是那托普;毫无疑问,此人是尼古拉·哈特曼。他对我们有着巨大的吸引力。马堡还有一个杰出的浪漫文学教师阵容:库尔提乌斯(Curtius)(他是我的好友之一),接下来还有列奥·施皮策(Leo Spitzer)、埃里希·奥尔巴赫(Erich Auerbach)以及奥尔巴赫的继任者维尔讷·克劳斯(Werner Krauss)——四位著名的学者。库尔提乌斯的前任是爱德瓦德·维克斯勒(Eduard Wechssler),他后来去了柏林。

福尔廷:什么使得哈特曼不同于其他人?

伽达默尔:在舍勒的影响下,他已开始走出柯亨和那托普的先验唯心主义。他曾经是这两人、尤其是那托普的学生,但他对柯亨——我们的最像萨满教巫师的人物——印象特别深。当人们今天读到柯亨的书时,会发现它们有点空洞,这些书是以一种严厉、片段和专断的风格写下的,里面没有什么论证,但他有一种很强的个性。施特劳斯也高度重视他。柯亨于 1918 年去世,我们从未见过他。施特劳斯告诉我关于他的趣事是从弗朗兹·罗森茨维格(Franz Rosenzweig)那里听来的。有一天,罗森茨维格到马堡拜访柯亨,问他如何能做到如此专注于现代科

----

① 参见伽达默尔对罗斯(Rose)著作的评论,载 *Gnomon*(1940 年),第 431—436 页。

学，而又仍然坚信圣经的创世教义，在这一点上柯亨开始回避。至于哈特曼，他是一个典型的波罗的海人，有着俄国学生一样的习惯：从前一天早晨到第二天早晨一直喝茶。他总是工作至深夜，海德格尔因此开玩笑地说，当哈特曼房里的灯光熄灭了的时候，他房里的灯光开始点亮。海德格尔早上 7 点上课，很早就开始了一天的工作，通常 4、5 点钟起床，而这正是哈特曼准备上床就寝的时间。

福尔廷：施特劳斯曾常说，马堡的氛围是非常守旧的。

伽达默尔：就我们当时生活在一座象牙塔这一点来说，的确如此。我们埋头于哲学，对世界上的其他事情很少关心。这一点一直持续到海德格尔到来之后——这是一个非常令人激动的时期，可那些年施特劳斯很少在马堡。

福尔廷：海德格尔第一次在那里开始上课是什么时候？他讲了什么？

伽达默尔：1923 年。我不记得他第一次讲课的确切题目，但内容涉及现代哲学的起源。他集中谈了笛卡尔，并引出一连串问题，共 23 个，一切都很引人入胜且井井有条。为示尊重(honoris causa)，哈特曼去听了第一堂课，他后来告诉我，自柯亨以来他还从未见过如此有魅力的教师。23 个问题，这就是海德格尔的特点。我怀疑他是否讲到第 5 个问题以后。不过，这就是他特有的彻底主义(radicalism)，我指的是他习惯于将问题进行近乎无限地(ad infinitum)彻底化推进。而他的一些追随者则成了他的活漫画，他们永远在提空洞的问题，这些空洞的问题通过彻底化，却失去了与其更深根源的所有联系。

福尔廷：学生和学生生活情况如何？

伽达默尔：马堡和弗莱堡的关系很密切。学生们从一个地方去到另一个地方，一如德国的传统习惯。战后住房严重紧缺，最大的问题是找到一个住所。我只换过一次大学，去了慕尼黑，但那也只是因为一个朋友提供给我一个房间。慕尼黑不是一个重要的哲学中心。由于普凡德尔(Pfänder)和盖格尔(Geiger)在，那里的主流是现象学。海德堡由于马克斯·韦伯的影响、卡尔·雅斯贝斯和卡尔·曼海姆的存在而闻名。雅斯贝斯作为一个讨论班的主持者享有卓越的声望。在我还是个学生时,他就很有名。汉堡大学,最初是作为一所航海学院设立的,后来才逐步升格为一所完整的大学。这个富有的城市向学校投入大量的经费。它拥有布鲁诺·希耐尔(Bruno Snell)和卡西尔这些来自马堡的最伟大的学者。卡西尔是一个具有非凡记忆力的贪婪读者,他优雅、淡定、友善,但很难说他有很强的个性,他既没有海德格尔那种吸引人的品性(dramatic quality),也没有哈特曼那种接近年轻人的才能。至于法兰克福,当时尚未进入到自己的世界,该校成立于 20 年代,但不久开始引人注目:里策勒(Riezler)担任校长,使学校得到发展,它最终招揽到像霍克海默、阿多诺和蒂利希这样的学界翘楚。

福尔廷:您在《真理与方法》(第 482 页①)中讨论施特劳斯时这样讲:他在芝加哥的教学是"我们这个世界上令人鼓舞的事情之一"。此话怎讲?

伽达默尔:噢,很好理解。我的印象是,他有勇气讲出别人不敢说的话并以此吸引学生。虽然芝加哥是进步论的大本营,但他仍有勇气对我们是否应该相信人类心灵进步的问题回答"不"。在我看来,芝加哥大学显然是一个非同寻常的地方。1947 年,我在法兰克福见到过哈钦斯(Hutchins),发现他是一个非常开放而有远见的人。我见过阿德勒(Adler),还见过麦克基恩(McKeon),他是一位真正的老板(boss)。所以我能够想象我所听到过的关于施特劳斯的一些事情:他如何雄心勃勃和扼要表述自己反对麦克基恩的观点。后来,当我来到美国,我能近距离观察到他的如此众多的弟子在这个国家的各个地方所作出的贡献:您,阿兰·布鲁姆(Allan Bloom),里查德·肯宁顿(Richard Kennington),维尔讷·丹豪瑟(Werner Dannhauser),希莱尔·吉尔丁(Hilail Gildin),斯坦利·罗森(Stanley Rosen),以及其他人。我常常受

---

① 指《真理与方法》的英译本页码。下同。——译注

邀到我从未听说过和我知道那里不会有人熟悉我的著作的地方做演讲。每当遇到这种情况，我敢肯定，邀请来自一位施特劳斯学派的成员。他们总是很友善、很开放，因为施特劳斯关于我和我们1954年在海德堡会面说过一些好话；他经常提到那次见面是他很长时间里最受益的交谈之一。

福尔廷：您觉得施特劳斯如果在德国当教师会更好一些吗？他在那里也能做出一样多的事情吗？或许更多？

伽达默尔：不，他的成功与这些无关，原因很简单：就这一点来说，不存在任何投机取巧的成分。您比我更清楚，他如何吸引好学生，关心他们，与他们保持联系。我只看到结果，却没有看到产生结果的过程。我觉得，如果他在德国，他照样会建立一个真正的学派。若不是您告诉我，我真不知道他的课堂会有这么多人。根据他在20世纪50年代的描述，我想他的学生决不会超过6个或8个。

福尔廷：依您看，他的主要贡献是什么？您刚才提到他重新复活了那场旧的古今之争，他的主要贡献与此有关吗？

伽达默尔：是的，虽然我个人从他关于霍布斯的著作中学到很多。这是第一次有人试图将霍布斯不仅看做是科学认识论的新基础的一个英国代表，还将他看做是一个道德主义者，他同智者派的关系可以通过分析他论市民社会的观点得到解释，这一点令我印象深刻。我意识到，现在这是一个备受争议的问题，而施特劳斯自己也重新考虑了他的这本书。但那不是我的领域，对我来说，读这类风格的东西是一种启示。当然他对霍布斯的描述也存在着某些非常个人化的东西，作为一个人，霍布斯憎恶英国政治制度，英国社会给他带来很深的痛苦。在这本论霍布斯的著作中有很多施特劳斯的影子。

我要提到的另一本书是《迫害与写作艺术》，在这本书里，人们可以同时看到迫害对于解释学问题的正面后果与负面或危险后果。它提出的是一个极其重要的问题：一个人如何能传达和表达与其时代潮流或社会普遍接受的意见相违背的思想？这个问题尤其与我自己的柏拉图研究特别有关,在柏拉图那里,公众意见和审察制度的问题甚至以一种更加尖锐的样式出现,它让苏格拉底丢了性命。总有这样的可能性存在:任何值得说的东西都将招致反对。不能面对这一点的人成不了思想家,对此我十分赞同施特劳斯。

福尔廷:在《真理与方法》中,您也提到他重新发现了隐微写作方式,或者如您所说的"有意的歪曲、伪装和隐瞒(第 488 页)"。

伽达默尔:我主要想到了斯宾诺莎,他作为现代历史意识的一个先驱对我也具有特别的意义。施特劳斯处理《神学政治论》的方式,尤其是他对斯宾诺莎试图根据文化事项(the cultural agenda)来解释神迹的分析,让我震动。我非常细致地研究过施特劳斯关于斯宾诺莎和迈蒙尼德的论文,我觉得,就迈蒙尼德而言他是对的,但同样的方法并不能同样好地应用于斯宾诺莎。总存在这种可能性:作者著作中所发现的不一致是由于作者本人的某种混乱所致。也许,这只是反映了我自己内心的混乱。依我之见,当我们试图一步一步地追随一本书、一出剧,或一件艺术作品,并以这样的方式让它吸引我们、引导我们超越自己的视域时,解释学的经验是我们遭遇的困难经验。根本无法确定,我们能够恢复和整合(recapture and integrate)隐含在这些作品内的原初经验。然而,认真对待它们仍然包含对我们思想的一种挑战,并使我们避免不可知论或相对主义的危险,施特劳斯希望认真对待他所面对的文本。我和他一样,很讨厌学者傲慢的优越感,他们自以为能够改进柏拉图的逻辑,好像柏拉图自己不会逻辑地思考似的。在这点上,我们完全一致。

不用说,施特劳斯注意到柏拉图和色诺芬作品的外在的或戏剧的因素与我很相似。在这方面,我多少有点追随弗里德兰德(Friedländer),但试图超过他。我从希尔德布兰特(Hildebrandt)写的柏拉图的著作中学到一些东西,希尔德布兰特对柏拉图有敏锐的听觉①。他不是一个哲学家,而是一个受过良好教育的精神病学专家,他对年轻人有很好的直

---

① 参见 C.Hildebrandt:*Platon:Der Kampf des Geistes um die Macht*(Berlin,1933)。

觉,这使得他能在柏拉图对话中看到别人看不到的东西。

福尔廷：施特劳斯将重新发现柏拉图对话录中的戏剧特点的重要性归功于克莱因(Klein),这在多大程度上属实?

伽达默尔：克莱因和我之间有某种共生关系。当我开始跟随弗里德伦德学习古典学时,克莱因已离开了马堡,但他经常回来;所以我们之间有实际的交流。弗里德伦德并没有直接影响到克莱因,虽然他通过我对他有影响。也许我不能说,克莱因是唯一应该对这一重新发现负责的人。不过,他的哲学知识比弗里德伦德要好,我也如此。我们共同的优点是能将对话的戏剧因素与对话讨论的哲学问题联系起来。我开设了一些关于柏拉图辩证法的课程,在课上,我讨论了《智者篇》和《泰阿泰德篇》。从我自己的研究中心出发,我试图证明,即使在这些后期的对话中,也存在着某些鲜活的交流,因此它们包含的内容比文本中明确陈述的要多。我们两人都为这样一个事实所震动:对于其戏剧成分的适当注意是理解柏拉图思想的关键。此乃克莱因和弗里德伦德发现的意义。施特劳斯将这一发现扩展到政治理论领域。看到弗里德伦德的书不仅在德国,而且在这里,居然在学院范围内有如此大的影响,令人惊讶。

我只想补充一点,在德国,哲学更处于柏拉图研究的前沿。因此,与克莱因和施特劳斯的第二代与第三代追随者相比,不太倾向于过分强调对话的戏剧性背景。我有时收到他们的论文,其中充满了各种各样的聪明但缺少根据的解释。就在昨天,我同一个年轻学生谈话,他试图在《巴门尼德篇》的循环的而又有点可笑的辩证法与遇见巴门尼德发生在泛雅典运动会期间的事实之间建立一种联系。我向他指出,所有这一切都很好,但他必须为他的论断找到一些支持,它的相关性必须依据文本本身来证明,而且到目前为止我们知道的只不过是这个观点可能是有道理的。

克莱因自己并不总是能避免这个陷阱。最近,有人给我看了他关于《斐多篇》的讲课记录,里面讲了一些缺乏理智的事情。他指出,苏格拉底死的时候,有十四个人在场。的确,没错。可是接下来他做了一个详细的比较,比较这十四个人和提修斯(Theseus)用船从人身牛头怪米诺特(Minotaur)手里救出的那十四个人质,当时,为了纪念此事件,每年都要定期发船至德洛斯(Delos)①,这是塔木德用错了地方。

福尔廷:这种阅读文本的方法常常被描述为"塔木德式的"(talmudic)或"拉比式的"(rabbinical)。这是谈论它的正确方法吗?

伽达默尔:至少在施特劳斯身上,正如在康德时代最早的犹太哲学家之一撒洛蒙·迈蒙(Salomon Maimon,1754—1800 年)身上,有这种因素。迈蒙写过一本很有趣的自传,里面追溯了犹太学校制度对他本人思想的影响。该书富于启发性,因为在那里我们看到了一种平行的、尤其是关于压迫的经验。施特劳斯出生于黑森州,它在本世纪的头几十年以反犹主义著称。

福尔廷:在与您的通信中,施特劳斯对您有关"所有人类价值的相对性"的某些陈述提出了异议(例如,《真理与方法》第 53 页)。您当然不认为自己是一个相对主义者。如果我对您的理解不错的话,您是在以您自己的方式反对相对主义。显然施特劳斯并不相信您成功地克服了它。您把他的批评看作是一个严重的批评吗?

伽达默尔:我对他的回信做了答复,但他却中断了通信。我试图在《真理与方法》第 2 版的附录中(第 482—491 页)②间接地向他挑战,但他也没有回应。后来我们又见面了,他非常友好。一天,在讨论的过程中,我提到我的一篇论文,他说,"可您从来没有送给我看!"我告诉他,把我写的所有东西都寄给他看没有意义,因为其中很多远离他的兴趣。他回答:"噢,不。我对您写的东西总是有兴趣的(I am always interested in what you write)。"我很受感动。我提这件事,并不是因为它反映了我自己的价值,而只是想表明,我们是好朋友。最重要的是,我在他以前

---

① 参见柏拉图:《斐多篇》,58A-C。——译注

② 指伽达默尔的论文"解释学与历史主义",它最初发表于伽达默尔和库恩共同主编的《哲学评论》,后收入《真理与方法》第 2 版至第 4 版附录,第 5 版纳入伽达默尔《著作集》(10 卷本),第 2 卷。——译注

的学生中间获得了巨大的反响。当我踏入这个国家,所有的大门都向我敞开,这也表明了他的忠诚。我并不是说这些人要求从我这里得到完全的赞同(agreement)。

福尔廷:他们可能失望了!施特劳斯似乎比您更重视我们时代的危机、海德格尔所谓"世界的黑夜降临"、所有意义和价值之视域的灾难性崩溃①。根据他的看法,这是新解释学产生的处境,其特点是在根本的问题上完全缺乏共识(agreement),并暴露出迄今为止所接受的所有普遍观念的无根据性,而对此您好像不太在意。

伽达默尔:这对我来说也是一个至关重要的问题。您提到的激进主义与施特劳斯这样一个评论有关:我从狄尔泰那里得到暗示,而海德格尔从尼采那里得到暗示。这在某种意义上是对的。狄尔泰更是一个尼采的同时代人,尤其适合做德国唯心主义,黑格尔、施莱尔马赫与浪漫派情感的中介人。不过,在这一区别的背后,存在着概念思维(conceptual thinking)自身地位的核心问题。我认为,没有某种共识,某种基本的共识就不可能有任何分歧(disagreement)。依我看,将分歧放在首位是一种偏见②。此乃海德格尔所谓的"*die Sorge für die erkannte Erkenntnis*"(为认知性认识的操心);这就是,专注于"认知性认识"(cognized cognition),致力于确定性,认识论的第一要务,科学家的独白(monologue)。我自己的观点一直是整个世界的解释学③,我们必须意识到科学方法论或独白认识论的限度。在我们的社会赖以建立的意见—制造技术的结构下面,人们发现了一种更基本的包含某种共识的交流经验。这就是我一直强调友谊(friendship)④在古希腊伦理学中的

---

① 参见例如 M. Heidegger, *An Introduction to Metaphysics*. R. Manheim 译(Garden City,1961),第 33、37 页。

② 这里暗示出伽达默尔与激进的后现代主义或后结构主义者(如德里达)的区别。——译注

③ 这与伽达默尔所理解的"解释学的普遍性"有关。——译注

④ "friendship"在古希腊文中的意思不限于"朋友"之间,它和"友爱"相当。——译注

作用的原因。在与施特劳斯的讨论中,我提到了这一点(参见《真理与方法》,第485页①)。我的就职演讲(即一个人开始其教学生涯的公开演讲)讨论的就是这个主题②。我的看法是,在亚里士多德的《伦理学》中占据了两卷③篇幅的内容,在康德那里却只不超过一页④。那时我28岁,尚未成熟到足以把握这一事实的充分意义;但对此我多少有所预感,而我最深刻的见解之一(如果我可以这样讲的话)是我所描述的关于思想家与社会之间的紧张关系——这是施特劳斯的主题之一。

然而,这里我们仍然不能忽视这个关系的双重性。因此,我坚持苏格拉底的循规蹈矩(conformism)的积极的一面。我不相信人们可以像布鲁姆(Bloom)那样称苏格拉底为无神论者。不论是苏格拉底还是柏拉图都对宗教信仰保持着一定程度的顺从,但它背后潜藏着一种信念,那就是存在着神,某个我们永远无法想象的东西。在我看来,这就是潜藏在《斐德罗篇》和其他对话下面的东西。施特劳斯可能会同意我的观点,但布鲁姆是否会同意,我表示怀疑,或者从我们关于《伊安篇》以及后来关于《游叙弗伦篇》的讨论(在这里,我们之间的冲突更尖锐),我可以推断。布鲁姆主张,游叙弗伦以一种真正虔敬的精神去行动,这正好与从宗教传统中解放出来的苏格拉底形成对照。我完全不同意。我说,"不,不! 那近乎于诡辩、墨守成规和伪善了。"苏格拉底是真正虔敬的人。当他坚持认为一个人应该永远尊敬自己的父亲时,他的理由是虔敬。游叙弗伦告发他父亲说明了一种高贵的冲突,这种冲突是所有苏格拉底对话的特点。有人声称有一种特殊的能力;然后,他通过基于苏格拉底(我们总是被引回到他)的真实形象(real figure)的一种逻辑论证而被定罪。布鲁姆捍卫相反的观点,坚持认为游叙弗伦是虔敬的人,而苏格拉底是无神论者。我认为,这是完全错误的。于是,我

---

① 文中给出的是英文版的页码。——译者
② 1929年的讲课,从未出版。
③ 参见亚里士多德:《尼各马可伦理学》第8卷、第9卷。——译注
④ 参见康德:《道德形而上学》,张荣、李秋零译,载李秋零主编:《康德著作全集》第6卷,中国人民大学出版社2010年版,第480—484页。——译注

们之间便有了一场激烈但友好的争论。

我从未与施特劳斯或克莱因详细讨论过这些问题。施特劳斯对它们避而不谈。他非常和蔼可亲，我很喜欢听他讲话，但每当哲学问题出现时，他都会回避。

福尔廷：您如何看待这样一种观点，即：解释学本体论属于一个过渡期，一个与所有视域的瓦解相吻合的时期？海德格尔自己难道不也是期待一种新的共识（consensus）的出现，期待我们只能等待的新的诸神（new gods）出现吗？施特劳斯的观点是，那时我们将会发现自己处在一种后解释学处境（posthermeneutical situation）中，就像当德国唯心主义仍占支配地位时我们发现自己处在一种前解释学处境（prehermeneutical situation）中一样。

伽达默尔：在这点上，我不仅不同意施特劳斯，而且也不同意海德格尔。您提出的观点与施特劳斯关于我的研究受狄尔泰而非尼采的影响的评论密切相关。我认为这个说法很公正。此话的意思是，对我来说，传统是一个活的传统。我是一个柏拉图主义者①。我同意柏拉图的观点，他说，世界上没有一个城邦不存在某种终极意义上的理想城

---

① 伽达默尔一生很注重对柏拉图文本的研究，尤其是对《斐莱布篇》的研究，这些研究构成了其思想的真正基础（参见拉米：《施特劳斯与伽达默尔之争》，黄晶译，载刘小枫、陈少明主编：《雅典民主的谐剧》，华夏出版社 2008 年版，第 302 页）。另外，伽达默尔这里直言自己是"一个柏拉图主义者"，主要表现在他相信辩证地，因而以对话的方式去追问善的本质是人性的一部分，因此他不同意海德格尔和德里达这样的观点：哲学（形而上学）正在走向没落和终结，他认为，哲学是永无止境的，它作为人类的一种经验保持着同一并表明人类本身的特征（柏拉图说，神不需要哲学，只有人需要哲学），在这里没有进步，只有参与（参见 *Gadamer's Repercussions*, ed.by Bruce Krajewski, University of California Press, 2004, p.148，另参见伽达默尔《怀疑的解释学》，何卫平译，载《世界哲学》2017 年第 5 期，第 59 页）。可以说，伽达默尔实际上给出了辩证法的生存论根据：人不是神，他是有死的存在者，也就是说，他是有限的，而非无限的，因此，他的认识不可能是全息性的，他只能在过程中去追求无限（神不需要过程），而这个追求的过程体现为辩证的，此乃哲学之本意——爱智慧，追求智慧。它是一个不断由片面走向全面、由有限走向无限的自否定（包含肯定）的辩证过程。神不需要过程，也不需要哲学，而人恰恰相反，需要过程，需要哲学，二者是分不开的，而这个哲学作为智慧的追求就是辩证法，它是由苏格拉底—柏拉图所开启的，而从生存论的角度揭示这一点并融入解释学是伽达默尔的独特贡献。——译注

邦。您也知道那个著名的说法:强盗团伙的成员为了彼此相处,也需要某种正义感①。的确,这也许是我过于保守的立场。您知道,我们是在14岁至18岁之间被塑造成型的。学术教师总是来得太迟。在最好的情况下,他们可以训练年轻的学者,但是他们的作用不是培养性格。战后,我应邀到法兰克福做一个演讲,内容是:德国教授如何看待他作为一个教育者的作用。我的观点是,教授们在这方面没什么作用。这个问题隐含着对理论的人(the theoretical man)的可能影响的某种过高估计,这就是我的态度背后的想法。当海德格尔谈到新的诸神和类似的东西时,我绝不追随他。我只在海德格尔处理空虚或极端处境(the empty or extreme situation)的方面,追随他。这是他与尼采唯一的共识,尼采也预见到了一种虚无的极端处境。当然,他在自相矛盾中结束。

海德格尔不是那种意义上的尼采主义者。当他第一次开始说出他关于诸神回归的神秘暗示时,我们真的惊呆了。我再次和他接触,发现那并不是他心里所想的,它是一种说话的方式(façon de parler),甚至他的著名论断,"只有一个神能够拯救我们"②,也仅指算计性的政治学并不是能将我们从迫在眉睫的灾难中解救出来的东西。然而,我还是会批评这种观点。海德格尔有时说的超出了他所能涵盖的,例如,当他展望一个新世界出现时,就是如此。因此,我不认为谈论一个后解释学时代(posthermeneutical epoch)有任何意义,那是我所不能认同的思辨观念的卷土重来(the recaptured immediacy)。依我看,它陷入一种混乱或一种范畴的谬误中,它顶多只是一种比喻性的说法,仅仅表明,如果我们再这样继续走下去,技术将作为一种终极状态受到尊崇,一个最后的世界政府(world government)就会出现,一切都将由一个无所不能的官僚体制所控制,这是最终的或极端的境况;而且,当然,自我毁灭可以

---

① 参见柏拉图:《国家篇》,351c。——原注[中国古代也有"盗亦有道"的类似说法,参见《庄子·胠箧》。——译者补注]

② 参见海德格尔的访谈,出版于海德格尔去世后不久(1976年5月31日),载 *Der Spiegel*,访谈的英译发表在 *Philosophy Today* 20:4(1976,冬季),第267—284页。

在通向它的过程中发生。我并不信奉尼采对这一极端的详细说明。海德格尔的意图只是揭示这一西方道路的片面性,它在我们当代技术社会中达到了高潮。

在我最近一篇谈海德格尔的论文中①,我试图表明,海德格尔远离任何宗派立场。他不信奉孔子以及其他诸如此类的异国情调的东西(exotic novelties),他只是暗示,在远东存在着某些文化遗产,我们这些瞥见到西方文明走向死路的人或许能从中受益。另一方面,当他讨论艺术作品并坚持主张某些超越于概念思维之外的东西可以被称为真的时候,我由衷地赞同他。这对我来说似乎是基本的,在此我的立场与他完全一致。

福尔廷:您似乎将解释学的哲学(hermeneutical philosophy②)看成是哲学的全部。

伽达默尔:它是普遍的。③

福尔廷:它的普遍性意味着某种无限性;然而您却十分坚持人的有限性。

伽达默尔:它们可以走到一起④。有限性对应于黑格尔的"坏无

① H.G.Gadamer, "The Religious Dimension in Heidegger," 载 L.Rouner and A. Olson 编:*Transcendence and the Sacre*(Notre Dame,1981),193-207。参见"Sein,Geist, Gott," 载 Gadamer *Klein Schriften* IV(Tübingen,1977),pp.74-85。

② "hermeneutical philosophy"也可译作"解释的哲学",它可泛指哲学意义上的解释学,包括认识论—方法论的解释学和本体论—生存论的解释学,它不包括哲学意义之外的解释学,如语文解释学、法学解释学、圣经解释学等。哲学一定和普遍性有关,它追求的是一般,而非局部和个别。——注释

③ 这指的是解释学的普遍性,下面伽达默尔具体讲了这种普遍性与有限性的关系。——译注

④ 伽达默尔这里讲的是"有限性"和"无限性"可以"走到一起",即达到辩证的统一(当然同时也是保持着张力的统一),由此可见黑格尔对他的影响。然而伽达默尔正是根据我们的"有限性"参与到"无限性"这种本体论的视野来抑制历史主义的"焦虑"和虚无主义的"绝望",对人生保持一种信心,这种信心提供一种谦逊,而不存在任何威胁,由此表明他的哲学解释学并没有承认海德格尔或施特劳斯这样的结论:我们正处于"世界之夜"之中,即我们遗忘了存在(参见本书施特劳斯致伽达默尔的第1封信,另参见 Matthew Foster, *Gadamer and Practical Philosophy*,Scholars Press,Atlanta,1991,pp.102-103,104)。——译注

限"(bad infinity)①。我想说的是那种"好无限"(good infinity),即概念的自我表达,体系的自我规定,或者诸如此类的东西,在我看来似乎是在期待一种新的直接性,这是我所不能同意的。对于有限性的强调是说永远可以再跨出一步的另一种方式。黑格尔意义上的坏无限属于有限性。正如我曾写过的,这种坏无限并不像它听起来那么坏。②

福尔廷:您对亚里士多德做过许多很好的研究,尤其是关于他的实践智慧(*phronesis*)的概念。使有些人感到困惑的是,您似乎以牺牲知识(*episteme*)为代价来强调实践智慧(*phronesis*)。难道科学或知识(*episteme*)对于亚里士多德不是同等重要吗? 人们不也需要去理解这个概念吗?③

伽达默尔:亚里士多德的主要观点——也是柏拉图的主要观点——是,科学,类似技艺(*technai*),类似任何形式的技能或手艺,乃是必须通过实践智慧而被融入社会的善④的生活中去的知识。从亚里士多德的观点看,未建立在实践智慧的活生生的经验之上的一种政治科学的理想是诡辩的。我不否认,在亚里士多德眼里,由数学,尤其是欧几里得数学的理论模式来阐明的无可置疑的或证明的维度,是一个伟大的成就,但是善的理念超出了任何科学的范围。这在柏拉图那里是很清楚的,我们不能将善的理念概念化。

福尔廷:施特劳斯曾说,作为一个年轻人,他有两个兴趣——上

―――――――――――――――

① 也译作"恶无限"或"恶的无限性"。——译注

② 这句话也可译为:"这种恶并不像它听起来那么恶。"——译注

③ 施特劳斯学派成员提出的这个问题很重要,它引出下面伽达默尔对理论智慧与实践智慧、理论生活与实践生活关系的说明。这实际上在伽达默尔晚年"第二部经典"(麦金太尔语)《柏拉图与亚里士多之间善的理念》德文版,第 5 章(*Die Idee des Guten zwischen Plato und Aristoteles*, Heidbelberg 1978, V),英译本,第 6 章(*Idea of the Good in Platonic-Aristotelian Philosophy*, Yale University Press, 1986, VI)有更具体的表述,它是对《真理与方法》相关思想的发展和推进。——译注

④ 这里的"善"也可译成"好",它们的英文词是同一个:"good",为了和下面"善的理念"等相照应,这里译成"善"。——注释

帝和政治。他在一些场合还说，20世纪最伟大的哲学家——柏格森、胡塞尔、詹姆斯、海德格尔、怀特海，因思想实际上缺乏任何政治维度而不同于他们的前辈。他们的哲学也许有很大的政治影响，但他们自己却从未对政治问题做过专题处理。此外，施特劳斯倾向于将政治视为历史意识的文化母体，当我们不加限定地谈到一个历史学家时，我们通常指的是一个政治历史学家。在我们谈话开始时，您提到，您曾经对智者派的政治思想感兴趣，但由于德国当时的局势而不得不放弃这一追求。您仍然认为政治具有支配一切的重要性吗？

伽达默尔：这是同一个问题的另一面，是理论的人（the theoretical man）在社会中的地位问题的另一面。在这里，并非一切都是消极的，因为理论的人仍然服从于实践智慧（*phronesis*），我最近的一篇论文（已交给出版社几年了——它将在希腊出版，希腊出版需要数年）讨论的就是亚里士多德《伦理学》中的理论生活和实践生活的问题。在这篇论文中，我试图指出，强调这两种生活之间的紧张关系，或者说根据亚里士多德的前提，他更喜欢政治生活，而他捍卫理论生活的首要性只是出于对柏拉图的尊敬，这总是错误的，那篇论文证明了这种观点的荒谬性。我们是凡人（mortals）①，而不是神。如果我们是神，这个问题就可以作为另一种选择。不幸的是，我们没有这种选择。当我们谈到幸福（*eudaimonia*），人生的最终成就时，我们不得不将两种生活都考虑在内。将实践生活描述为亚里士多德方案中的第二好的生活，只不过意味着，如果我们是神，理论生活是好的；但我们不是。我们总是植根于我们在其中成长的社会结构和规范化的看法之中，而且必须意识到我们是一个总在某个预先形成观点的基础上前进的发展过程的组成部分。我们的处境是一种根本的和不可逃避的解释学处境，我们不得不通过政治

---

① "mortal"这里更好的译法是"有死者"或"终有一死者"（反映出人的存在的时间性、历史性和有限性），它是相对不死的（永恒的、无时间的、无限性的）"神"而言的。——译注

和社会的实践问题同理论生活进行调解（mediation）来与这种解释学处境妥协。①

福尔廷：自从您在《真理与方法》第 2 版（1965 年）讨论施特劳斯以来②，已经过去了 16 年。从 1965 年至 1973 年施特劳斯去世，您见过他多次，您还坚持您当时说的话吗？

伽达默尔：是的，而且我希望他会同意。他十分谦和，正如我先前提到的，他不喜欢讨论他与我的分歧。我一直为对话没能继续展开而感到惋惜。我曾提过一个新建议，而且他知道，一个进一步的讨论是可能的，虽然也许不是一个确定的讨论③。

福尔廷：自 20 世纪 20 年代早期以来这个时段仍健在的还有别的人吗？

伽达默尔：赫尔穆特·库恩（Helmut Kuhn）。他当时在柏林，现在住在慕尼黑。他是一个有着犹太血统的新教徒，宗教倾向强烈。像许多信教的知识分子一样，在第三帝国的经历促使他改宗天主教。他在天主教教会中找到了一个新家，变得非常保守。

福尔廷：利特（Litt）在您的《真理与方法》（第 490 页）中提到的那本书中，把对历史的反对描述为非常独断的，难道您不同意对历史的辩护可能同样是独断的吗？

---

① 这里涉及伽达默尔对亚里士多德两种生活（理论生活和实践生活）、两种智慧（理论智慧和实践智慧）的关系的统一的理解和阐发[更详细的解释，可另参见伽达默尔《柏拉图与亚里士多德之间善的理念》德文版，第 5 章（*Die Idee des Guten zwischen Plato und Aristoteles*，Heidbelberg 1978，V），英译本，第 6 章（*Idea of the Good in Platonic-Aristotelian Philosophy*，Yale University Press，1986，VI）]，它是对《真理与方法》的补充和完善，具有非常重要的意义，它表明了晚年伽达默尔思想的发展。——译注

② 指伽达默尔《真理与方法》（单行本）从第 2 版（1965 年）开始，将"解释学与历史主义"作为附录收入，里面涉及关于施特劳斯及相对主义的问题的论述。——译注

③ 这里显示出伽达默尔的一种困惑和不解：为何施特劳斯终止而不是继续与他就相关的问题进行对话和讨论。——译注

伽达默尔：噢，当然。施特劳斯在写给库恩的信中已指出了这一点①。

福尔廷：非常感谢您在至少是您今年在这个国家逗留的最后一天，花这么多时间来接受我们的采访，我们都很感激您。

---

① 参见 L.Strauss，"Letter to Helmut Kuhn"，载 *The Independent Journal of Philosophy* 2(1978)，pp.23-26。

附录:解释学与"古今之争"

何卫平

在我们以往的西方哲学史研究中,对近代历史意识的兴起以及与之相关的"古今之争"未能给予充分的注意和一定的地位。例如,我们在谈及德国古典哲学中的辩证法发展的背景时,往往会提到自然科学的进步和法国大革命的影响等,这些虽然不错,但笔者总觉得还有一个重要的事件不应忽视,那就是持续欧洲百年之久、时至今日仍有影响的"古今之争"。当人们开始自觉地用一种历史的眼光看待一切的时候,这在思想上是一次质的飞跃和巨大的进步。然而这一点长期以来却没能在我们的哲学史教科书中反映出来,可能是因为"古今之争"最初更多涉及的是文艺问题,所以被忽视了。其实,它的意义远远超出了这个范围,推动了西方人历史意识的发展,以及历史主义的形成。

"古今之争"不仅影响到这些方面,而且通过它,还影响到解释学。西方近、现代解释学的发展伴随着古今之争,伽达默尔明确地强调应当把近代西方的"古今之争"纳入解释学的史前史的范围来考虑,它是历史意识觉醒的前奏①。然而在我看来,决不仅如此,其实它所造成的影响贯穿于整个现代解释学的发展之中,包括从古典解释学到新解释

---

① 参见伽达默尔:《科学时代的理性》,薛华等译,国际文化出版公司 1988 年版,第 85 页。

学。这个方面我们过去尚未提到一个很高的层次来认识。虽然 20 多年前笔者在拙著《通向解释学辩证法之途——伽达默尔哲学思想研究》中已谈到了一点①,但由于受当时的主题以及材料和认识水平的限制,其内容和意义未能充分展开,因此笔者现在想借本文的系统探讨对这个缺憾作点弥补。

一、"古今之争"的历史回顾

"古今之争"是西方近代的一个重要的历史事件,它产生于文艺复兴与启蒙运动之间,背景很复杂,不是孤立的。在中世纪以后的文艺复兴时期,已开始出现对现代人能与古代人相媲美的伟大成就的赞美,16世纪初,同中国有关的三大发明影响了欧洲人交往的扩大,这就是印刷术、火药和指南针,它们为现代西方人在思想的传播和视野上超越古代人提供了重要的条件。在此影响下,17 世纪出现了一个被后来学者称之为"欧洲的意识危机",它的源头是地理大发现和传教士的叙述,这些让西方人眼界大开,开始意识到自己的文化价值不再是绝对的,其他的文明(如东方文明,包括中国古老的文明)开始被承认②。另外,随着自然科学的发展,尤其在这个方面诸多领域的大发现,如哥白尼的日心说、牛顿经典力学体系的创立等,令以往的今人与古人的关系一下子发生了颠倒,在这些领域,今人超过了古人,古代所具有的知识似乎都变得微不足道了,亚里士多德的"形式"开始让位于"规律"的表述,等等,这种经验逐步上升为哲学意识,有识之士渐渐从历史的观点洞察到,古代只是人类的童年或少年时期,当下才是人类更成熟的时期③,培根

---

① 参见何卫平:《通向解释学辩证法之途》,上海三联书店 2001 年版,第 1 章。
② 参见卡洛·安东尼:《历史主义》,黄艳红译,上海人民出版社 2010 年版,第 40 页。
③ 参见弗兰西斯·培根:《学术的进展》,刘运同译,上海人民出版社 2007 年版,第 84 页;另参见狄尔泰:《精神科学中的历史世界的建构》,安延明译,中国人民大学出版社 2010 年版,第 247—248 页。

（1561—1626 年）、笛卡尔（1596—1650 年）都持这样的看法。帕斯卡尔（1623—1662 年）强调应当将时代的更迭和演变视为一个作为整体的人类的不断学习、成长的过程。莱布尼兹（1646—1716 年）的单子论认为世界是由从最低级的单子到最高级的单子——上帝所构成的，这隐含有进化论的因素①。从他们的这些表述中可以明显地看到一种"进步"观念的滋生，而这种观念在西方作为一种普遍的世界观出现于 17 世纪，并在 17 世纪末和 18 世纪初被确立下来，这里的"进步"对于西方人来讲也就意味着向着愈来愈合理、自由和幸福的方向前进，它是伴随着科学、启蒙和理性主义的发展被世俗化的，并取代了"天意"的观念，人愈来愈看重自己的创造性并意识到自己才是自己命运的主人②。

在这种背景下，产生了著名的"古今之争"。"古今之争"（querelle des Anciens et des Modernes/The quarrel of the Ancients and the Moderns）也就是"古代人和现代人的争论"，这个名称最初用来指称发生在 17 世纪末、18 世纪初法国文学界的一场著名的争论，其主题是古代作品和今天的作品谁优越于谁。我们知道，文艺复兴以后，西方艺术的中心逐步由意大利转向了法国，法国具有深厚的古典主义传统，崇古风气甚浓。在 17 世纪末以前，厚古薄今的倾向充斥法国文坛，随着法国思想日趋发达，上升到当时西方文化的巅峰，这种崇古的风气开始受到质疑和冲击，反对之声渐起，它的导火索是 1660 年前后有人以基督教的神迹为题材创作长篇史诗，招致厚古派的打压，他们不能容忍与自己所崇敬和摹仿的古希腊罗马文学传统相对立的态度。再就是发生在 1680 年就纪念性建筑的铭文和艺术作品的签名应当用拉丁文还是法文的争论，一位作者用了法文，遭来非议，在当时著名的古典主义者、诗人布瓦罗（Boileau）的强烈要求下，作品的铭文和签名最后用拉丁文代

---

① 参见乔治·皮博迪·古奇：《19 世纪历史学与历史学家》上册，耿淡如译，商务印书馆 2009 年版，第 81—82 页。

② 参见卡尔·洛维特：《世界历史与救赎历史》，李秋零、田薇译，三联书店 2002 年版，第 72—73 页。

替了法文,表面上看,厚古派占了上风,但却引发了后来更大的冲突。
1687 年,法国作家,曾担任铭文和美文学院秘书的沙尔·佩罗(Charles
Perrault,1628—1703)在法兰西学院朗诵他的诗作《路易大帝的世纪》
(Le Siecle de Louis le Grand),这篇诗中含有对古典作品的贬低,肯定现
代作家并不比古希腊罗马作家逊色,它引起了布瓦洛的强烈不满,从而
招致两人之间长达十二年之久的关于古今的争论,影响了整个法国文
坛。但佩罗实际上强调的是,我们既应当赞颂古典作品的成就,同时也
应当通过我们自己的创造为之增添新的内容,使之更加丰富多彩、日臻
完善。当时许多名人都卷入到这场争论中,除了上面提到的布瓦洛外,
还有拉·封丹、拉辛等人,他们都属于厚古派,而另外一些名人,如作家
丰特奈尔,法兰西学院的大部分院士,以及社会上有学问的女士们,则
属于崇今派,两大阵营唇枪舌剑,各不相让,这场古今之争围绕着古代
作品优于现代作品,还是现代作品优于古代作品展开,是坚持厚古薄
今,还是厚今薄古,最后厚今派取得了胜利①。

　　法国文坛上的"古今之争"也蔓延到英国。17 世纪末英国也出现
了类似问题的争论,这场争论是 1692 年由厚古派人物威廉·坦普尔
(William Temple)爵士引起的,他写了一篇论文《论古今学术》(An
Essay upon the Ancient and Modern Learning)②,竭力推崇《伊索寓言》和
《发拉利斯书简》(Epistles of Phalaris),认为这些古代作品所达到的水
准是现代人所无法企及的。这种观点遭到了崇今派人物威廉·沃顿
(William Wotton)的反驳,后者在《古今学术的反思》(Reflections upon
the Ancient and Modern Learning)中指出,时间是不断进步的,今人的作
品可以胜过古人,而另一位崇今派人物、当时英国最杰出的古典学者理
查德·本特雷(Richard Bentley)经过考证和鉴定指出坦普尔所推崇的

---

① 以上资料来自网址 http://baike.baidu.com/view/679694.htm。关于法英"古
今之争",还可以参看《不列颠百科全书》(修订版),第 1 卷,中国大百科全书出版社
2007 年版,第 323 页。
② 参见坦普尔:《论古今学问》,李春长译,华夏出版社 2015 年版。

《发拉利斯书简》①实际上并不是古人的作品,而是后人的伪托。这场对垒由于杰出的学者查尔斯·波义耳(Charles Boyle)、诗人德莱顿等人的加入而扩大,这里尤其要提到英国著名作家、《格列佛游记》的作者斯威夫特(Jonathan Swift,1667—1745)的参与。他曾担任过他母亲远房亲戚坦普尔爵士的私人秘书,深受后者"崇古非今"思想的影响,对古典作品情有独钟。他也卷入到这场争论之中,在选边站中,他支持厚古派,反对崇今派。他写的著名的讽刺散文《一只澡盆的故事》,由三个相互联系的部分所组成:《澡盆》《书籍之战》和《论精神的自发作用》,其中的《书籍之战》(*The Battle of the Books*)②反映了当时文坛上的古代与现代在文学和文化方面的相对成就的争论和他个人站在古人一边的立场。此文代表着英国古今之争的高潮,也成了英国这场争论的最著名的文献③,从而对产生于 17 世纪末的古今孰优孰劣问题的争论起到了推波助澜的作用,这场争论在英国一直持续到 18 世纪最初的10 年。后来的列奥·施特劳斯对它评价甚高。可以说,在英国,"书籍之战"就是"古今之争"的别称④。法国的"古今之争"与英国的"书籍之战"遥相呼应,形成了一股强大的势头。

斯威夫特与牛顿(1643—1727 年)是同时代的人,后者真正确立了现代自然科学的地位,它显现出今人超出古人的典范。这对当时的文艺观点也产生了巨大的影响,一些人开始从古典的眼光中走出,认为现代的作品能够胜过古代人的水平。然而斯威夫特坚决反对这种看法,认为古典作品的深刻是现代作品达不到的,宣称它们可以被超越是无知、

---

① 资料来自网址 http://hm.baidu.com.cn/。发拉利斯是阿格里真托(意大利西西里岛西南海岸城市)的暴君/僭主(tyrant of Agrigentum)。

② 参见 Jonathan Swift,*A Tale of a Tub and Other Works*,Oxford University Press,2008,pp.104-126;另参见斯威夫特:《图书馆里的古今之战》,李春长译,华夏出版社2015 年版,第 195—220 页。

③ 参见列奥·施特劳斯:《苏格拉底问题与现代性——施特劳斯讲演与论文集:卷二》,彭磊等译,华夏出版社 2008 年版,第 2 页。

④ 参看《不列颠百科全书》(修订版)第 16 卷,中国大百科全书出版社 2007 年版,第 383 页。

可笑的。他写下的《书籍之战》就是讽刺、挖苦崇今派的。在这部杰作里，他想象图书馆的各种书籍可以从书架上跳出来相互进行观点的论战，他把它们描述为类似进行战争的军队，用古代的书籍和现代的书籍之间的"战争"来隐喻古典派阵营和现代派阵营之间进行的激烈交锋，他借用培根《新工具论》中的比喻将古典思想形容为"蜜蜂"，认为它们给人类带来"甜蜜和光亮"（Sweetness and Light），而将现代思想形容为"蜘蛛"，它妄图构造成一个世界，但却对人类毫无用处①。可见这里的"书籍之战"就是文学形式表现出来的"古今之争"，此书作者的立场无疑是保守的、复古的，但其引发出来的问题却非同一般。

法国的"古今之争"主要集中于文艺领域，英国的"书籍之战"则涉及更广泛的学术领域，包括自然科学，"书籍之战"中的"书籍"就说明了这一点，它所涵盖的内容显然就不只是文艺了，而是一切文本。法、英"古今之争"的结果是厚今派相对复古派占了上风，它标志着古典主义的衰落，并带来了社会风气的改变，从此人们对古代人、古典作品不再抱着一种顶礼膜拜的心态，进步的观念开始深入人心，而且不再仅仅局限于自然科学领域，人们开始相信，今人通过自己的努力完全可以与古人相匹美，甚至超过古人。可以说，"古今之争"在17世纪和18世纪之间划了一道分界线，它表明旧的时代就要过去，新的时代就要到来②，这就是启蒙主义的时代。如果只就从法、英的"古今之争"的具体内容而言现在看来价值并不大，但它所产生的问题效应却是持久的、重要的。

接下来一个世纪，整个欧洲都讨论起这个问题③。"古今之争"最初是文学史上的表述，所争论的具体问题——古代作品和现代作品孰

---

① 参见 Jonathan Swift，*A Tale of a Tub and Other Works*，Oxford University Press，2008，pp.112-113；另参见斯威夫特：《图书馆里的古今之战》，李春长译，华夏出版社2015年版，第205—206页。

② 参见吴达元：《法国文学史》上册，台湾"商务印书馆"1999年版，第293页。

③ 参见卡尔·洛维特：《世界历史与救赎历史》，李秋零、田薇译，三联书店2002年版，第73页。

优孰劣——也就是我们现在经常说的今胜昔,还是今不如昔,后来漫延到历史文化、人文社会科学各个领域。这里有一个重要人物值得提及,他就是 18 世纪意大利的维柯。

意大利的"古今之争"产生于 1703 年 G.奥尔希(Giueppe Ori)批判布乌尔(Dominiqu Bouhour,1628—1702)的《心灵活动中正确思维的方法》,这场争论直接影响了后来的被誉为西方人文主义之父的维柯(1668—1744)①。维柯无疑处于近代欧洲"古今之争"的高潮中,他的思想深刻反映了这场争论,这是我们理解他不可忽略的一个重要的角度和背景。

众所周知,维柯是历史哲学的创始人,而古今之争对他的历史哲学有着重要影响,例如,在其标志性的著作《新科学》中,维柯不主张刻板地模仿古人,而是强调要将对古人的研究与今人的评价结合起来,反对受古人的压迫,为过于沉重的历史包袱所累。维柯那个时代的人,要么站在古人的立场上,要么站在今人的立场上,而维柯力图解决他们之间的对立。他从总体上承认历史进步的观点(尽管有循环论的色彩②),如他虽然强调想象力的源初地位,但也看到它后来不得不让位于理性,即所谓从"诗性之思"到"散文化之思"的发展——这充分体现了他的历史主义的观点,但他同时也承认古代的经典作品有它的不可企及性③,只是我们再也回不去了,再也写不出这样的作品了。维柯对"古今之争"的态度具有辩证性,和后来的黑格尔有相近之处,并通向伽达默尔的解释学所持的立场。维柯在《论我们时代的研究方法》中就指出,"我要讨论的问题是,我们的研究方法在哪些地方比古人优越,在

---

① 参见维柯:《维柯论人文教育》,张小勇译,广西师范大学出版社 2005 年版,第 114 页。

② 参见卡尔·洛维特:《世界历史与救赎历史》,李秋零、田薇译,三联书店 2002 年版,第 157—158 页。

③ 参见卢森特等:《维柯与古今之争》,刘小枫、陈少明主编,华夏出版社 2008 年版,第 136 页。

哪些地方不如古人,以及通过何种方法才能使我们不输于古人。"①

　　总的来讲,近代的"古今之争"是文艺复兴时期以降逐步孕育出来的,作为一场运动,它是一个较广的概念,是一场伴随许多小运动的持久战,它涉及的问题不少;作为一个纯粹的历史事件,它产生于17世纪末、18世纪初,它在法国的"古今之争"(querelle des Anciens et des Modernes)和英国的"书籍之战"(*The Battle of the Books*)中达到了高潮②。由孰优孰劣的问题,引申出是模仿还是超越、是进步还是退步的大讨论,这场争论的结果,大多人站在了支持今人的立场上,尤其是启蒙运动以后。伽达默尔对这场争论做了这样的评论:17—18世纪那场著名的"古今之争"主要是一场文学之争,它表现为对古希腊罗马诗人的不可超越性的捍卫与文学的新古典主义的作家文学的自我意识之间的竞争,而这场冲突最后消融于历史意识之中,以限制古代的绝对典范性而告终,这场争论可视为"传统与现代之间非历史性争论的最后形式"③。也就是说,它争论的焦点是"古"与"今"孰优孰劣的问题,尚未自觉将反思聚焦到"历史性"的问题,但它引向"历史性"的问题,这就是后来的发展。

二、"古今之争"所带来的世界观的变化

　　如上所述,近代的"古今之争"刚开始是文学意义上的,但它却是"从法国古典主义一直到德国古典时期的普遍主题",它最初限于文艺

---

　　①　参见维柯:《维柯论人文教育》,张小勇译,广西师范大学出版社2005年版,第115页。关于欧洲历史上的"古今之争",刘小枫教授在他为斯威夫特《图书馆里的古今之战》中文版(李春长译,华夏出版社2015年版)写的长篇导言《古今之争与历史僵局》中有更为详细的梳理,读者可参看。
　　②　卢森特等:《维柯与古今之争》,刘小枫、陈少明主编,华夏出版社2008年版,第106—108页。
　　③　参见伽达默尔:《解释学 II:真理与方法》,洪汉鼎译,商务印书馆2007年版,第502页。

领域,冲破了"以古希腊罗马文化为典范的要求"①,后来这个问题扩大到整个人文社会科学领域,并拓展到全欧洲,持续了百年之久,一直到黑格尔那个时代还没有结束,它在德意志达到了较高的理论深度,并在欧洲其他国家的许多思想家那里都得到了积极的反映和响应,它提升了西方人的时间意识,促进了他们的历史意识的觉醒,因为"古今之争"涉及古与今、过去与现在的对比,它有利于激发人们对于历史的思考和历史感的形成。伽达默尔甚至将西方近现代历史意识的出现看作一场革命性的突破,其意义不亚于 17 世纪出现的科学革命。②

"古今之争"使西方人的世界观发生了巨大的变化,它包括观念的改变和理论反思的深化,并逐步渗透到精神文化各个领域,促进了现代性的确立。其影响,在思想方面,我认为,主要集中在这些方面:历史意识、历史主义、历史哲学,包括辩证法,而所有这些都有着内在的联系。尤其值得一提的是,这场争论推动了辩证法和历史主义的结合,使得现代辩证法具有了与古代辩证法不同的特点,它促进了"进步"观念的全面世俗化,因为在此之前这个观念虽然在自然科学领域已变得显而易见,但在文艺领域和其他精神文化领域尚不明朗。

伽达默尔说,历史意识产生于"古今之争"③,这样讲有一定道理。而"历史意识"与"历史主义"是相关联的。德文的"Historismus"(历史主义)出现于 1800 年前后,这可以在德国浪漫派诺瓦里斯(Novalis)和 F·施莱格尔(Friedrich Schlegel)的著作中找到根据④。18 世纪中叶出现了"历史哲学"一词(据说是伏尔泰最先使用了这个词)。在 18

---

① 参见伽达默尔:《解释学 I:真理与方法》,洪汉鼎译,商务印书馆 2007 年版,第 244 页。

② 参见 Gadamer, *On Education*, *Poetry*, *and History*: *Applied Hermeneutics*, ed. by Dieter Misgeld and Graeme Nicholson, State University of New York Press, 1992, p.125。

③ 参见 Gadamer, *On Education*, *Poetry*, *and History*: *Applied Hermeneutics*, ed.by Dieter Misgeld and Graeme Nicholson, State University of New York Press, 1992, p.126。

④ 参见 G.舒尔茨:《解释学中的历史主义之争》,林维杰译,载成中英主编:《本体与诠释:中西比较》,上海社会科学院出版社 2003 年版,第 289—290 页。

世纪(启蒙主义时代)和19世纪(浪漫主义时代)历史主义和历史哲学获得了空前发展,这方面的思想家大量涌现,例如,维柯、赫尔德、康德、黑格尔、兰克、德罗伊森、马克思、狄尔泰、克罗齐、科林伍德,等等,而且还促进了历史学从文学、修辞学中分离出来,逐步成为一门独立的科学,并激发了各个学科"史"的研究的兴起和发展,这是西方古代和中世纪不曾有过的现象①,而所有这些都与"古今之争"的推动是分不开的。

可以说,现代性的发展伴随着"古今之争"和"历史主义"的成长,它涉及古与今、过去与现在之间的关系的认识。而古今之争的焦点是今胜昔,还是今不如昔,反映后一种观点的主要有温克尔曼、卢梭等;而反映前一种观点的主要有康德、黑格尔等,它表现出一种启蒙主义的理性乐观主义。例如,康德(1724—1804年)就曾批评过那些过分依恋古代而对今天采取一种鄙视态度的人是"愚蠢"的,他和培根、笛卡尔一样,认为古代并不是真正的古老,而是人类的幼年时代,我们才是真正的古人,好古之人只不过是想回到人类的幼年时代。康德在《重提这个问题:人类是在不断朝着改善前进吗?》(1797年)一文中,谈到了历史的进步,并将这种进步主要归之于道德的进步②。而黑格尔(1770—1831年)更是在古今之争中明显地支持现代性,相信历史的进步基于理性的进步,每一个时代都是理性发展的某个阶段的标志,历史总的趋势是上升的,而凡是持历史进步的观点和立场的人,都必然会为现代性辩护。黑格尔就说,"精神在我们的时代已经征服的东西不应该被视为某种微不足道的东西。我们当然必须尊重古代,尊重古代人的必要贡献,它们是神圣链条上的一环,但那只是一个环节,当前是最高的东西。"黑格尔还说,"我们是否应该认为现代比不上古代? 在许多方面,

---

① 参见施特劳斯:《什么是政治哲学》,李世祥等译,华夏出版社2011年版,第47—65页。

② 参见康德:《历史理性批判文集》,何兆武译,商务印书馆1991年版,第145、156页。

这是毫无疑问的,但就原则的深度和广度而言,我们总体上处于一个更高的层面",因为"'现代精神'能够穿透'心灵'和客观的良知的最深处,所以它必定会被认为优越于'古代精神'。"①注意,黑格尔这里并没有简单说在所有的方面"今胜昔",而只是说总体上如此。后来的伽达默尔断言,近代的古今之争在黑格尔那里"得到了划时代地解决",他尤其看重黑格尔"寻求的乃是一种'古代人'和'现代人'之间的和解",指出,黑格尔所揭示的精神发展过程正是他"教导我们在'现代人'的立场中认出'古代人'的立场时所遵循的发展过程"②。这与伽达默尔本人的解释学追求的方向是一致的,他甚至认为,"历史主义最终是在黑格尔的立场中才找到其合法根据。"③

在古今之争方面,黑格尔的解决方式体现了启蒙主义的基本精神,而不是浪漫主义所强调的回到过去——古代或中世纪。德罗伊森的历史观也信奉一种进步观,它是相对道德的目标而言的,这一点康德的影响十分明显。狄尔泰则进一步发展了这一点,将普遍史与进步融合起来④,后来的伽达默尔的"效果历史原则"在一定意义上同样体现了对"古今之争"的一种态度,它涉及古今之间的关系。伽达默尔说,"历史性的认识只能这样才能被获得,即在任何情况下都必须从过去与现代的连续性中去考察过去。"⑤当然对于古代,西方人的心情是比较复杂的,这一点在近代的许多思想家那里都有所表现,而不是绝对地谁优谁劣的问题,例如,莱辛就说,我们比古人见得多,但古人比

① 转引自洛苏尔多:《黑格尔与现代人的自由》,丁三东等译,吉林出版集团有限责任公司 2008 年版,第 321—322 页。

② 伽达默尔:《伽达默尔论黑格尔》,张志伟译,光明日报出版社 1992 年版,第5、79 页。

③ 参见伽达默尔:《解释学 I:真理与方法》,洪汉鼎译,商务印书馆 2007 年版,第 464 页。译文略有改动。

④ 参见狄尔泰:《精神科学中历史世界的建构》,安延明译,中国人民大学出版社 2010 年版,第 260 页。

⑤ 伽达默尔:《解释学 I:真理与方法》,洪汉鼎译,商务印书馆 2007 年版,第445 页。

我们更有眼力，古今之间整体比较要以此为出发点①，等等，就说明了
这一点。

　　虽然自 18 世纪以来，历史主义一路高歌猛进，逐步成了整个现代
思想的特征和时代精神，但是由于它对自然法（自然的正确、自然的公
正）或普遍原则的否定，也就存在着自身的危机，这种危机指的是它隐
含相对主义和虚无主义的倾向②，所以历史主义自诞生之日起，就面临
着来自这方面的攻击和诟病。表面上看，近代的"古今之争"即"古代
人和现代人的争论"最后以"现代人"的胜利而告终，然而这只是暂时
的。到了 20 世纪 30 年代初，狼烟又起，列奥·施特劳斯在当代的语境
中又复兴了"古今之争"，自 20 世纪以来没有任何人像他那样在这个
问题上投入如此多的精力和热情，并产生如此大的影响。他 1930 年发
表的第一部著作《斯宾诺莎的宗教批判》就已选择了这个方向③，他最
成熟的代表作《自然的正确与历史》更明确地以"古今之争"为主题，并
做了深刻的阐释。可以说，古今之争是施特劳斯思想的核心，他对现代
性的批判，是基于古今之争的。

　　施特劳斯对近代的"古今之争"有自己独特的认识，他关注的不是
文艺与美学方面，而是科学与哲学方面。在他看来早在 16 世纪人们就
已开始感受到与早期哲学的一种对立，但总的来说，中世纪之后的文艺
复兴是要复兴古典的学术、文化，前现代的古老传统依然保留着，而到
了 17、18 世纪的"古今之争"才开始发生根本性的变化。这场争论的
实质是一场古代与现代的对抗，是一场持续的现代性反叛古代传统的
运动、青年反对老人的运动，它标志着现代性的兴起和真正的开端。如
此看来，17、18 世纪的"古今之争"便具有了历史转折点的意义。虽然

---

　　①　参见施特劳斯：《古典政治理性主义的重生》，郁振华等译，华夏出版社 2011
年版，第 127 页注①。
　　②　参见卡洛·安东尼：《历史主义》，黄艳红译，上海人民出版社 2010 年版，
第 3 页。
　　③　参见伽达默尔：《解释学 II：真理与方法》，洪汉鼎译，商务印书馆 2007 年版，
第 360—361 页。

这场争论导致了现代性的全面胜利,但这只是表面现象,它的正当性并没有真正确立起来,反而产生了普遍的精神危机。施特劳斯认为,西方现代的普遍危机实际上是政治哲学的危机,这是现代性所特有的。而施特劳斯理解的政治哲学并不是一门历史学科,它探讨的是政治事物的本性(nature)或自然,涉及有关最好或正当的政治秩序的哲学问题①,这在古典政治哲学中得到了明确的表达,而在现代政治哲学中遭到了忽视。现代政治哲学像别的精神科学一样割裂了事实和价值的关系,将研究限制在事实领域,而不讨论价值的基本原则和标准,从而陷入一种"历史主义"的泥潭,这种历史主义将一切都看成是由历史的具体情况或处境所决定的,进而导向相对主义和虚无主义,这是由于放弃了理性的目标和意义的必然结果。因此,为了抵制相对主义、虚无主义,反对历史主义、坚持古典的理性主义便成了施特劳斯政治哲学的鹄的。

施特劳斯认为,对亘古不变的人世问题,古人往往比今人理解得更深刻②,过去的学说有可能是正确的,今天的学说有可能是错误的,换言之,古今之争不一定是今天优于古代,这一认识促使他去研究古典政治哲学。施特劳斯研究古典不是为了古典而古典,而是由"现代性的问题"所激发的。他本人是从现代性回溯到古典的,这一历程意味着施特劳斯的"古今之争"的出发点是现代性危机。如前所述,对自然正确的抛弃,必然会导致历史主义、相对主义和虚无主义,而施特劳斯一生都在与虚无主义作斗争,对于他来讲,最大的敌人就是虚无主义。不过,施特劳斯没有简单地鼓吹复古,也没有简单地主张古代的观点比今天落后,而只是强调我们应当不要带上今天的偏见或有色眼镜去看待古代,既要摆脱对古代的迷信,也要摆脱对今天的迷信,这就是他为什

---

① 参见施特劳斯:《什么是政治哲学》,李世祥等译,华夏出版社 2011 年版,第 48、47 页。

② 参见施特劳斯:《苏格拉底与阿里斯托芬》,李小均译,华夏出版社 2011 年版,"中译版说明"第 2 页。

么要重新挑起"古今之争"的缘由①,而这又引起更新一轮的思想较量,例如他与伽达默尔之间的争论等(详后)。

总的来说,近代最初局限于文学艺术的"古今之争"中的不少表达多是一种愿望和断想,缺乏哲学上的论证和反思,而在后来的发展中这个方面得到了大大加强,并触及了哲学世界观上的许多重大问题,同时又进一步暴露出这些问题的复杂性,引起更多、更深入的思考和讨论,尤其是当代的施特劳斯出现以后,这表明"古今之争"远没有完,它仍在不断地激发和推动着人们的哲学探讨向纵深挺进。

三、"古今之争"对解释学的影响

现代解释学是伴随着历史意识和历史主义的发展而发展起来的,从这里面我们可以看到"古今之争"的影子和背景。而"古今之争"在解释学方面演变为"历史主义之争",可以说,"解释学与古今之争"的关系实际上涉及"解释学与历史主义"的关系,正如伽达默尔所指出的那样,解释学的发展受到历史主义立场的支配②。的确,自近代以来,解释学总是与历史主义交织在一起,它们相互影响,一道前行,但是历史主义并没有一个统一的规定。如果我们将现代西方具有哲学意义的解释学区分为古典解释学和新解释学,那么前者以施莱尔马赫、德罗伊森和狄尔泰为代表,后者以海德格尔和伽达默尔为代表,在他们那里分别体现了历史主义的两种形式,德国学者 G.舒尔兹将其表述为:历史客观主义和历史相对主义③,而古典解释学对应的是历史客观主义,新解释学对应的是历史相对主义。但这种划分有点过于简单、过于绝对,海德格尔、

---

① 参见刘小枫:《施特劳斯的路标》,华夏出版社 2011 年版,第 345 页。

② 参见伽达默尔:《解释学 II:真理与方法》,洪汉鼎译,商务印书馆 2007 年版,第 472 页。

③ 参见 G.舒尔茨:《解释学中的历史主义之争》,林维杰译,载成中英主编:《本体与诠释:中西比较》,上海社会科学院出版社 2003 年版,第 293—294 页。

伽达默尔能否被归结为历史相对主义仍是一个问题,至少他们本人是不会承认的。所以我更倾向于用"第一层次上的历史主义"和"第二层次上的历史主义"或"古典历史主义"和"新历史主义"这样的术语来表达①。

在"古今之争"以前,西方占支配地位的解释理论将文本的意义等同于作者的原意,相对读者,作者就是权威,"作者"(auctor/Autor/author)和"权威"(auctoritas/Autorität/authority)在拉丁文中同属一个词根,德文和英文也一样,这表明了两者之间的联系。而在"古今之争"以后,这种观念有所变化,作者的权威地位开始下降。现代解释学之父施莱尔马赫的著名口号——我们首先要像作者一样去理解,然后要能比作者理解他自己理解得更好——就有"古今之争"的因素。伽达默尔甚至称,近代解释学的全部历史都表现在对这句话的后半句的各种不同的解释中,而且强调它包含了解释学的全部问题②。施莱尔马赫对这句话的理解是基于浪漫主义立场对康德天才论美学的发挥和应用,但却含有启蒙主义的"进步"观念。所以伽达默尔说,"这个用语乃是启蒙运动时代的一项批判原则转用于天才论美学基础上的产物。"③它表明过去的作者对自己作品的理解并不比现在的读者更具权威性,作者天才的无意识创造必然要为读者天才的有意识再创造所替代,它暗示后来的理解相对于原来作品的优越性,即能够达到更好的理解。然而这里所说的"更好的理解"是通过解释者置身于原作者的位置,并将后者无意识的东西带入到意识中实现的,因此它与施莱尔马赫的"重构论"(即重构作者的原意)并不冲突。施氏甚至称完满理解的最高形式就是比作者理解他自己理解得更好④,狄尔泰肯定了施莱尔

---

① 参见拙文《德国历史学派解释学初探》,载洪汉鼎、傅永军主编:《中国解释学》2011年第9辑。

② 参见伽达默尔:《解释学Ⅰ:真理与方法》,洪汉鼎译,商务印书馆2007年版,第265页。

③ 伽达默尔:《解释学Ⅰ:真理与方法》,洪汉鼎译,商务印书馆2007年版,第403页。译文略有改动。

④ 参见 Schleiermach, *Hermeneutics and Criticism*, Cambridge University Press, 1998, p.266.

马赫的这一思想,认为它包含有一种心理学的真理①。

作为施莱尔马赫和狄尔泰之间的过渡,德国历史学派的解释学也涉及"古今之争"的问题,它的主要代表是兰克、德罗伊森。兰克虽然反对简单地用古代优越或现代优越、进步或退步这样的字眼来主导历史的理解,但他还是从生命有机体、目的论、历史联系来对世界史作为一门科学进行了表述。他强调,历史联系的结构"是一种目的论的结构,标准就是后果(Erfolg)",先行东西的意义是由"后继的东西所决定的",成功和失败与有意义和无意义相关联,它若产生一个持续意义的结果就是有意义的,相反,不能产生这种结果就是无意义的。历史虽然没有目的,但却是目的论的,用康德的说法,它是人类通过反思判断力所得到的,对历史联系的理解"为一种无意识的目的论所规定,这种目的论统一这些要素,并将无意义的东西从这种联系中排斥出去"②。德罗伊森也强调历史是人类的自我意识,人类的进步是指人类对不同历史发展的终极目的认识的加深、拓展和提升③。

由于以作者原意或文本本义为目标,古典解释学所突出的是方法论,它所尊崇的历史主义是历史客观主义。而伽达默尔基于一种现象学的立场反对这种客观主义,认为,"更好的理解"不应是指读者通过回到过去作者的本意以消除两者之间的时间距离来实现的,每一个时代的读者都是按照他们的兴趣和方式来理解前人留下的文本的。文本的真正意义并不依赖原作者和最初读者所表现的偶缘性,至少并不完全由这里决定,文本的真正意义总是同时由解释者的历史处境所规定,它本身表现为一种历史的过程,并受这个过程的影响,所以伽达默尔强

---

① 参见狄尔泰:《精神科学中历史世界的建构》,安延明译,中国人民大学出版社 2010 年版,第 199 页。

② 伽达默尔:《解释学 I:真理与方法》,洪汉鼎译,商务印书馆 2007 年版,第 279—281 页。

③ 参见德罗伊森:《历史知识理论》,胡昌智译,北京大学出版社 2006 年版,第 88 页。

调,文本的意义大于作者的原意,理解不是复制性的,而是生产性的①。

　　伽达默尔的上述观点深受他的老师海德格尔的影响。海德格尔的历史主义是建立在此在的历史性的基础上的,克服这种历史主义没有任何意义,我们只能将其视为一种原则承担下来。伽达默尔在《真理与方法》第二部分就明确地强调要将理解的历史性上升为一种普遍的原则②。古典的历史主义没有考虑到作为理解者自身的历史性,而伽达默尔所奉行的一种新型的历史主义(他称之为"第二等级的历史主义"③)则将这一点考虑进来。在他眼里,前一种历史主义是一种天真幼稚的历史思维,而一种真正的历史思维必须考虑到其自身的历史性,他所主张的"第二等级的历史主义"就体现为将时间距离和视域融合包含在内的效果历史原则或效果历史意识,它强调"真正的历史对象根本就不是对象,而是自己和他者的统一体,或一种关系,在这种关系中同时存在着历史的实在以及历史理解的实在"④。但要注意,伽达默尔提醒人们,对效果历史原则的理解经常会存在这样一种危险,那就是将他者"同化"于自身,忽略他者之他在性⑤,这是伽达默尔要竭力避免的。他同意施特劳斯的这个观点:认为现代绝对的优越性是一个独断的看法⑥。只是他要用"视域融合"超越"古今之争"。

　　的确,人们似乎可以从伽达默尔的文本中读出某种相对主义的东西,例如,他比较突出"先见"是一切理解的前提条件,这同传统的符合

---

　　①　参见伽达默尔:《解释学Ⅱ:真理与方法》,洪汉鼎译,商务印书馆2007年版,第402—403页。

　　②　参见伽达默尔:《解释学Ⅰ:真理与方法》,洪汉鼎译,商务印书馆2007年版,第362页。

　　③　参见伽达默尔:《解释学Ⅱ:真理与方法》,洪汉鼎译,商务印书馆2007年版,第498页。

　　④　伽达默尔:《解释学Ⅰ:真理与方法》,洪汉鼎译,商务印书馆2007年版,第407页。

　　⑤　伽达默尔:《解释学Ⅰ:真理与方法》,洪汉鼎译,商务印书馆2007年版,第407页注230、第417页。

　　⑥　参见伽达默尔:《解释学Ⅱ:真理与方法》,洪汉鼎译,商务印书馆2007年版,第507页。

论相对立,与之相关,对理解的历史性的强调,认为一切理解都是历史的,无法摆脱传统,无法超越效果历史,因此也就没有存在本身的认识了。再就是强调"能够被理解的存在就是语言"似乎容易让人朝这方向去想:理解是由语言决定的,最终陷入一种带有相对主义的视角主义之中①。尤其是我们在伽达默尔那里还可以找到这样的说法:理解没有更好,只有不同②。虽然它与"怎么都行"的无政府主义的解释学并不是一回事,但还是难同相对主义划清界限,将这一立场用到法学、伦理学和政治学这类实践性、规范性很强的学科中易遭受攻击,贝蒂在这方面就对伽达默尔提出过批评。

的确,对这个问题伽达默尔思想本身中存在着矛盾:一方面,他在解释学上反对简单地从启蒙主义的进步观念出发来主张后来理解的优越性,并基于解释学的本体论,反对有更好的理解;但另一方面,他又深受黑格尔辩证法的影响提出视域融合和效果历史的原则,这个原则实际上包含有"进步"的因素,因为在他眼里,理解既不是将我们的视域回归于过去的视域,也不是使过去的视域完全受现在的视域宰制和摆布,它向着一个更高的普遍性提升,这种普遍性不仅克服了我们自己的个别性,也克服了文本的个别性,达到一种更大的视域,在一个更大的整体中按照一个更好、更正确的尺度去理解③。视域融合不是一次性的,而是一个不断叠加的过程,不断统一的过程,解释学辩证法的精神贯穿于其中。可见,这似乎与伽达默尔上面所讲的理解没有更好,只有不同并不协调,从他的效果历史原则中得不出这一结论,相反,这个原则会支持他自己仍然是施莱尔马赫"更好的理解"的一种注脚。

不过从总体上我们多少能看出,伽达默尔用他的效果历史原则来

---

① *Consequences of Hermeneutics*, ed. by Jeff Malpas, etc., Northwestern University Press, 2010, pp.193-194.

② 参见伽达默尔:《解释学 I:真理与方法》,洪汉鼎译,商务印书馆 2007 年版,第 403 页。

③ 参见伽达默尔:《解释学 I:真理与方法》,洪汉鼎译,商务印书馆 2007 年版,第 414—415 页。

调解那场著名的"古今之争",它体现出一种对历史意识的反思,根据这种反思,"古今之争"中所反映的古代和现代之间的对立不再是绝对的,也就是说,"那场著名的古今之争不再是一个真正的非此即彼的选择问题"①。不过,伽达默尔对古今之争的这种态度明显地受到黑格尔的影响,他的效果历史原则所体现的乃是黑格尔辩证法的正、反、合②,虽然他不赞成后者走向一个封闭的最大的综合。

20 世纪 60 年代初,列奥·施特劳斯与伽达默尔就后者刚刚出版的《真理与方法》发生过一场争论,被施特劳斯定性为"古今之争",并认为他们各自只是站在不同的一边,至于他们在解释学观点上的对立只不过是"古今之争"的一个结果③。但在伽达默尔眼里,这场争论实质上是围绕着"历史主义"展开的。伽达默尔后来公开发表的《解释学与历史主义》对它做了总结性的回应。关于"古今之争"这个问题,伽达默尔说他考虑了几十年④,虽然他充分肯定施特劳斯在这方面的重要贡献,但却不同意后者的一些基本观点。

我们知道,施特劳斯将历史的反思作为克服现代性的一种手段,主张这种反思应来自于真正的历史理解,这种理解表现为首先是对作者原意的回归,而不是站在"现代"优越性的立场上,用今天的"先入之见"或"偏见"去理解"古代"的作者,这样就能避免历史主义的错误,因为它要求"像作者本人理解自己一样去理解过去的思想",而不是根据现在的情况去理解过去,这是恰当解读经典的要求,在他看来,也唯有如此才能克服相对主义。显然,施特劳斯这一观点是方法论意义上的,它与传统或古典的解释学的原则相一致。

伽达默尔并不完全反对这种原则。譬如,他赞同施特劳斯说明其

---

① 伽达默尔:《解释学 Ⅱ:真理与方法》,洪汉鼎译,商务印书馆 2007 年版,第539 页。

② 参见何卫平:《通向解释学辩证法之途》,上海三联书店 2001 年版。

③ 参见 *The Independent Journal of Philosophy*,第 2 卷,1978 年,第 11 页。

④ 参见伽达默尔:《解释学 Ⅱ:真理与方法》,洪汉鼎译,商务印书馆 2007 年版,第 361 页。

思想的这样的例子:古代的"友谊"概念是正确的,而现代的"友谊"概念是错误的,但伽达默尔向施特劳斯提出这样的质疑:我们能否做到通过一种历史科学训练过的眼光去阅读古典思想家的作品,从而重构作者的原意,并能肯定这种重构是正确的? 他以一种逆向思维进一步要追问的是:"如果我们发现亚里士多德所讲的要比现代理论(他根本不可能知道的现代理论)更正确,那我们就说亚里士多德不能像我们理解他的方式那样理解他自己,这种说法是否有意义?"①

施特劳斯承认"历史"或"历史的经验",但并不认为它们就构成了历史主义的合法化的推论,而是更看重它们对人类历史中存在着共同或同一性的东西的证明,这种同一性只不过是存在于或贯穿于不同的历史变化的情况中,因此,历史的经验并不能导致对某种普遍东西的怀疑,如正义等观念,它们在一切变迁中保持着某种同一性或一致性②。对此其实伽达默尔并不否定,这只要读一读他的《真理与方法》第1部分中谈艺术真理的内容就够了,在那里伽达默尔通过对艺术游戏本质的现象学描述表达了这样一个基本观点:艺术构成物类似"节日"在变迁和重返的过程中保持着某种同一性,并以此来反对"解释学的虚无主义"(hermeneutischer Nihilismus)③。与之相关,伽达默尔和海德格尔一样,基于一种现象学的立场,既强调一切理解都是自我的理解,又强调一切理解都是事情的理解,在他们那里,两者可以并行不悖。

不过,施特劳斯旗帜鲜明地将事实和价值统一起来,反对将两者分离,主张对以往的哲学家的思想要么将它们看成是真理加以接受,要么将它们看成谬误加以摒弃,或承认自己的水平有限尚不能断定,因而有进一步学习的必要,而不能用这些思想很难脱离它们的时代、条件和偏

① 伽达默尔:《解释学 II:真理与方法》,洪汉鼎译,商务印书馆 2007 年版,第507 页。

② 参见刘小枫主编:《施特劳斯与古典政治哲学》,三联书店 2002 年版,第339—340 页。

③ 参见伽达默尔:《解释学 I:真理与方法》,洪汉鼎译,商务印书馆 2007 年版,第 134—136 页。

见来加以搪塞、敷衍。相对于施特劳斯,在强调普遍的原则和标准方面,伽达默尔同海德格尔一样的确有做得不够,甚至存在忽视的地方,这也是毋庸讳言的事实。

总的来说,施特劳斯的解释学的基本思想可以归结如下:我们必须要回到作者的原意,除了作者所提供的信息之外,我们还可能从其他途径获得相关的信息,但这些信息应当与作者提供的基本框架相吻合,而不是相背离,"我们需要学会一种为作者的同代人所熟悉而我们却不熟悉的术语。……甚至一部伟大的著作我们也必须将其放在具体背景中去阅读,但却必须像作者一样去理解它,而不是将其放进我们学者们所编造出来的背景中加以理解"①。对于这些观点,伽达默尔其实也并没有完全否定,甚至还在一定的意义上强调他同施特劳斯是一致的,因为两人都有古典学或古典语文学的背景,只不过伽达默尔更关心的问题是:我们能否真正和完全做到这一点? 做不到怎么办? 即便我们能做到这一点是否就够了? 在伽达默尔眼里,施特劳斯虽然反对历史主义,主张一种非历史主义的研究方式②,但他所奉行的仍然是一种历史主义,即古典的历史主义,也就是历史客观主义。而施特劳斯也不加区别地将伽达默尔的解释学纳入他所批评的"历史主义"中,只不过把它和海德格尔联系在一起将其看成是一种更复杂、更激进的历史主义而已。

结　　论

综上所述,"古今之争"在西方思想史上既是一个重要的事件,也是一场持续的运动,时至今日它并没有真正结束,其重要意义日益凸显

---

①　列奥·施特劳斯主编:《政治哲学史》,下卷,李天然等译,河北人民出版社1998年版,第1049—1050页。

②　参见列奥·施特劳斯主编:《政治哲学史》,下卷,李天然等译,河北人民出版社1998年版,第1047页。

出来。它由最初的古与今、过去与现在谁优谁劣的问题转化为二者的关系问题,由古与今、过去与现在的区分、对立转化为二者的联系和统一,其内容是广泛的、多层面的,它促进了西方人的历史意识的成长①和历史主义及历史哲学(包括历史辩证法)的发展,并由此极大地推动了解释学的研究,使解释学与历史主义、解释学和辩证法得到了愈来愈深层次的结合。不仅如此,由"古今之争"所引发出来的哲学世界观的一系列重大问题,如历史观念、进步观念、客观主义、相对主义和虚无主义,等等,至今仍引导着人们对它们继续深入地思考和探索。古今之争既为现代性的确立开辟了道路,又为现代性的批判开辟了道路,从而打通了解释学与政治哲学的关联,它再次说明,解释学的意义决非一种简单的方法、技艺所能涵盖的,仅仅囿于方法主义的研究走向是不得要领的。从根本上讲,理解和解释牵涉到我们的生存状况、安身立命和终极关怀,与人类的价值观,即追求善和幸福的理想、目标分不开。因此,解释学归根结底是一门实践哲学,最终通向政治哲学。就这一点而言,伽达默尔与施特劳斯殊途同归。

---

① 笔者有时甚至猜想,任何民族在历史意识形成的过程中,都可能会出现自己的"古今之争",只是形式或方式会有所不同,它是基于一种"人同此心,心同此理"的类型学的推论。

参考文献

［1］色诺芬：《回忆苏格拉底》，吴永泉译，商务印书馆，1986 年。

［2］柏拉图：《斐多篇》，载《柏拉图全集》第 1 卷，王晓朝译，人民出版社，2002 年。

［3］柏拉图：《会饮篇》，载《柏拉图全集》第 2 卷，王晓朝译，人民出版社，2003 年。

［4］柏拉图：《理想国》，顾寿观译，岳麓书社，2018 年。

［5］《阿里斯托芬喜剧六种》，罗念生译，载《罗念生全集》第 5 卷，上海人民出版社，2016 年。

［6］亚里士多德：《尼各马可伦理学》，廖申白译，商务印书馆，2004 年。

［7］弗兰西斯·培根：《学术的进展》，刘运同译，上海人民出版社，2007 年。

［8］笛卡尔：《谈谈方法》，王太庆译，商务印书馆，2000 年。

［9］维柯：《维柯论人文教育》，张小勇译，广西师范大学出版社，2005 年。

［10］康德：《纯粹理性批判》，邓晓芒译，杨祖陶校，人民出版社，2004 年。

［11］康德：《实践理性批判》，邓晓芒译，杨祖陶校，人民出版社，2003 年。

[12]康德:《判断力批判》,邓晓芒译,杨祖陶校,人民出版社,2002 年。

[13]康德:《道德形而上学》,张荣、李秋零译,载李秋零主编:《康德著作全集》第 6 卷,中国人民大学出版社,2010 年。

[14]康德:《历史理性批判文集》,何兆武译,商务印书馆,1991 年。

[15]康德:《康德历史哲学论文集》,李明辉译,(台湾)联经出版事业有限公司,2013 年。

[16]黑格尔:《历史哲学》,王造时译,三联书店,1956 年。

[17]黑格尔:《哲学史讲演录》第 2 卷,贺麟、王太庆译,商务印书馆,1983 年。

[18]Schleiermacher, *Hermeneutics and Criticism*, Cambridge University Press,1998.

[19]歌德:《浮士德》,绿原译,人民文学出版社,2016 年。

[20]德罗伊森:《历史知识理论》,胡昌智译,北京大学出版社,2006 年。

[21]尼采:《历史学对于生活的利与弊》,载尼采:《不合时宜的沉思》,李秋零译,华东师范大学出版社,2007 年。

[22]狄尔泰:《精神科学引论》,童志奇、王海鸥译,中国城市出版社,2002 年。

[23]狄尔泰:《精神科学中历史世界的建构》,安延明译,中国人民大学出版社,2010 年。

[24]胡塞尔:《逻辑研究》(1、2 卷),倪梁康译,上海译文出版社,1994 年,1998 年,1999 年。

[25]胡塞尔:《哲学作为严格的科学》,倪梁康译,商务印书馆,1999 年。

[26]胡塞尔:《内时间意识现象学》,倪梁康译,商务印书馆,2010 年。

[27]胡塞尔:《欧洲科学的危机与超越论的现象学》,王炳文译,商

务印书馆,2001 年。

[28]海德格尔:《存在论(实际性的解释学)》,何卫平译,商务印书馆,2016 年。

[29]海德格尔:《存在与时间》,陈嘉映、王庆节译,三联书店,1999 年。

[30]海德格尔:《路标》,孙周兴译,商务印书馆,2000 年。

[31]海德格尔《在通向语言的途中》,孙周兴译,商务印书馆,2015 年。

[32]海德格尔:《哲学论稿》,孙周兴译,商务印书馆,2017 年。

[33]马克斯·韦伯:《经济与社会》,第 1 卷,阎克文译,上海世纪出版集团,2010 年。

[34]埃米里奥·贝蒂:《作为精神科学一般方法论的解释学》,载洪汉鼎主编:《理解与解释》,东方出版社,2001 年。

[35]柯林伍德:《柯林伍德》,陈静译,中国社会科学出版社,1993 年。

[36]柯林伍德:《历史的观念》,何兆武、张文杰译,中国社会科学出版社,1986 年。

[37]列奥·施特劳斯:《斯宾诺莎的宗教批判》,李永晶译,华夏出版社,2013 年。

[38]列奥·施特劳斯:《自然的权利与历史》,彭刚译,三联书店,2003 年。

[39]列奥·施特劳斯:《迫害与写作艺术》,刘锋译,华夏出版社,2012 年。

[40]施特劳斯等:《回归古典政治哲学》,朱雁冰等译,华夏出版社,2006 年。

[41]施特劳斯:《古典政治理性主义的重生》,潘戈编,郭振华等译,华夏出版社,2011 年。

[42]列奥·施特劳斯:《施特劳斯与古今之争》,刘小枫选编,华东

师范大学出版社,2010 年。

[43]施特劳斯:《苏格拉底与阿里斯托芬》,李小均译,华夏出版社,2011 年。

[44]列奥·施特劳斯:《什么是政治哲学》,李世祥译,华夏出版社,2011 年。

[45]列奥·施特劳斯:《苏格拉底问题与现代性——施特劳斯讲演与论文集:卷二》,彭磊等译,华夏出版社,2008 年。

[46]列奥·施特劳斯:《尼采如何克服历史主义》,马勇译,华东师范大学出版社,2019 年。

[47]列奥·施特劳斯:《古今之争中的核心问题》,林国基译,华夏出版社,2004 年。

[48]列奥·施特劳斯等主编:《政治哲学史》上、下,李天然等译,河北人民出版社,1998 年。

[49]伽达默尔:《解释学 I:真理与方法》,洪汉鼎译,商务印书馆,2007 年。

[50]伽达默尔:《解释学 II:真理与方法》,洪汉鼎译,商务印书馆,2007 年。

[51]伽达默尔:《伽达默尔论柏拉图》,余纪元译,光明日报出版社,1992 年。

[52]伽达默尔:《伽达默尔论黑格尔》,张志伟译,光明日报出版社,1992 年。

[53]伽达默尔:《科学时代的理性》,薛华等译,国际文化出版公司,1988 年。

[54] Gadamer, *On Education, Poetry, and History*: *Applied Hermeneutics*, ed. by Dieter Misgeld and Graeme Nicholson, State University of New York Press, 1992.

[55]伽达默尔:《哲学生涯》,陈春文译,商务印书馆,2004 年。

[56]伽达默尔:《怀疑的解释学》,何卫平译,载《世界哲学》2017

年第 5 期。

[57]勒维特:《世界历史与救赎历史》,李秋零译,三联书店,2002 年。

[58]卡尔·巴特:《罗马书释义》,魏育青译,华东师范大学出版社,2005 年。

[59]卡尔·巴特:《教会教义学》(精选本),何亚将、朱雁冰译,三联书店,1998 年。

[60]布尔特曼:《信仰与理解》卷 1,卢冠霖译,道风书社,2010 年。

[61]布尔特曼等:《生存神学与末世论》,李哲汇、朱雁冰译,上海三联书店,1995 年。

[62]麦奎利:《存在主义神学——海德格尔与布尔特曼之比较》,成穷译,道风书社,2007 年。

[63]艾贝林:《神学研究》,李秋零译,中国人民大学出版社,2003 年。

[64]赫伯特·施奈德尔巴赫:《黑格尔之后的历史哲学——历史主义问题》,励洁丹译,浙江大学出版社,2014 年。

[65]卡洛·安东尼:《历史主义》,黄艳红译,上海人民出版社,2010 年。

[66]乔治·皮博迪·古奇:《19 世纪历史学与历史学家》上、下册,耿淡如译,商务印书馆,2009 年。

[67]G.舒尔茨:《解释学中的历史主义之争》,林维杰译,载成中英主编:《本体与诠释:中西比较》,上海社会科学院出版社,2003 年。

[68]詹尼·瓦蒂莫:《现代性的终结》,李建盛译,商务印书馆,2013 年。

[69]卡尔·拉伦茨:《法学方法论》,陈爱娥译,商务印书馆,2018 年。

[70]孟文理:《罗马法史》,商务印书馆,迟颖、周梅译,商务印书馆,2017 年。

[71]巴里·尼古拉斯:《罗马法概论》,黄风译,法律出版社,2000年。

[72]弗朗西斯·奥克利:《自然法、自然法则、自然权利——观念史中的连续与中断》,王涛译,商务印书馆,2015年。

[73]努德·哈孔森:《自然法与道德哲学——从格老秀斯到英格兰启蒙运动》,马庆、刘科译,浙江大学出版社,2010年。

[74]坦普尔:《论古今学问》,李春长译,华夏出版社,2015年。

[75]斯威夫特:《图书馆里的古今之战》,李春长译,华夏出版社,2015年。

[76]卢森特等:《维柯与古今之争》,刘小枫、陈少明主编,华夏出版社,2008年。

[77]亚瑟·梅尔泽:《字里行间的哲学》,赵柯译,华东师范大学出版社,2018年。

[78] Matthew Foster, *Gadamer and Practical Philosophy*, Scholars Press, Atlanta, 1991, pp.79-120.

[79]斯密什:《阅读施特劳斯》,高艳芳等译,华夏出版社,2012年。

[80]丹尼尔·康格维:《列奥·施特劳斯思想传记》,林国荣译,吉林出版集团有限责任公司,2011年。

[81]拉米:《施特劳斯与伽达默尔之争——评〈评后现代的柏拉图们〉》,黄晶译,载刘小枫、陈少明主编:《雅典民主的论谐剧》,华夏出版社,2008年。

[82]朱柯特:《对拉米的回应》,黄晶译,载刘小枫、陈少明主编:《雅典民主的论谐剧》,华夏出版社,2008年。

[83]让·格朗丹:《哲学解释学导论》,何卫平译,商务印书馆,2009年。

[84]让·格朗丹:《诠释学真理?》,洪汉鼎译,商务印书馆,2015年。

[85]让·格朗丹:《伽达默尔传》,黄旺、胡成恩译,上海社会科学

院出版社,2020年。

[86]洛苏尔多:《黑格尔与现代人的自由》,丁三东等译,吉林出版集团有限责任公司,2008年。

[87]刘小枫:《施特劳斯的路标》,华夏出版社,2011年。

[88]张旭:《卡尔·巴特神学研究》,上海人民出版社,2005年。

[89]何卫平:《通向解释学辩证法之途》,上海三联书店,2001年。

[90]何卫平:《解释学之维——问题与研究》,人民出版社,2009年。

[91]何卫平:《理解之理解的向度——西方哲学解释学研究》,人民出版社,2016年。

[92]陈波:《悖论研究》,北京大学出版社,2017年。

[93]吴达元:《法国文学史》上册,台湾"商务印书馆",1999年。

编译后记

20世纪末,列奥·施特劳斯就开始进入到国人的视野,随着他的书籍及研究论著不断被译成中文,在汉语学界产生了广泛、持续的影响。但我自己是随着对伽达默尔研究的深入才注意到他的,相对比较晚,而且带有一点被动性,主要是为这样一个问题所困扰:哲学解释学到底是不是一种相对主义哲学,如果是,那虚无主义的结论就在所难免,它作为"实践哲学"(伽达默尔语)如何贯彻下去就成了问题。在思考的过程中,我逐渐萌生了编译此书的念头,并将它作为当代西方解释学的一场重要的争论提出来,与伽达默尔同贝蒂和赫施之争、与哈贝马斯之争、与同德里达之争相并列,其意义有过之而无不及。之所以如此,首先是有感于伽达默尔与施特劳斯的这场争论在学术上隐含的重要性和未受到重视的现状——在一般解释学教科书或解释学史的著作中没有得到应有的反映,这当然同该争论未能充分展开有关,伽达默尔晚年对此一直深感遗憾和惋惜,同时,也表明他确实看到了这场争论潜在的价值和意义,其中所反映出来的根本问题是解释学无法回避的,而且同我们的终极关怀、安身立命分不开,同确立人生的精神定力相关联。今天人们愈来愈意识到,我们既不能在客观主义,也不能在相对主义中找到自己的归宿或精神家园。可见,这场争论不仅具有一般解释学的意义,而且还具有普遍的哲学意义。虽然如此,可是一旦去深究,似乎面临的是一个无底的深渊!如何从学理上讲清楚,考验着人们的智慧和想象力。总之,由于这场争论在伽达默尔与施特劳斯之间仅仅是一个开头,远谈不上结束,而且意义又非同一般,所以有重提的必要。我将其列入当代解释学的重要争论之一不仅有根据,而且希望引起更多学者尤其是年轻学者的关注和深入探讨,并相信,学界终将会在这个问题上找到一个比较接近真理的说法。

其次是有关这场争论的基本材料虽然除了《回忆列奥·施特劳斯》外都已译成了中文,但由于出自不同译者之手,表达风格各异,理解上也有差别,而且分散在不同的文本、不同的语境中,使其本身的意义未能得到凸显。例如,伽达默尔《真理与方法》从第 2 版(1965年)开始就有一个附录,收入了"解释学与历史主义"这篇著名长文,以往我们更多是从它与《真理与方法》,尤其是其中的第二部分(历史经验)所构成的语境关系去解读的,但仅从这个角度去把握还是比较单薄的,不够充分。如果我们嵌入伽达默尔与施特劳斯之争这个背景去理解就增加了一个语境,这两种语境的叠加,会使我们对它的领会更加深入、更加丰富、更加全面。

我国已故著名西方哲学专家陈修斋先生在谈到翻译应与研究相结合时,曾强调这种结合要求翻译一定要有译序和注释,这种译序和注释同翻译一样应当是译者对原著的研究成果的体现,它们有机地统一在一起。我想,这应当是学术翻译遵循的基本原则,这方面陈康先生的《巴门尼德篇》(译注)堪称典范,陈修斋先生自己也身体力行,他的诸多译著为我们树立了榜样。我编译此书也遵循这一原则。除了原注外,也酌情加进了不少译注,尤其三封关于《真理与方法》的通信,并附有长篇译序。

"注释"本身就是做学问的一种方式,尤其是在精神科学领域,中西方莫不如此,并有着悠久的传统。同翻译一样,它就是一种解释学实践。我们知道,要了解一个思想家的思想,首先一定要知道它的针对性和相关性,一旦做到了这两点,再难懂的文本意思也能得到化解。否则,所谓"理解"只能流于一种"猜想"。注释在这方面可以对读者起到帮助作用,但它是建立译者研究基础上的,这对译者的学识提出了很高的要求。

本书的"译者导言"和"附录"曾分别以单篇论文冠以标题"伽达默尔与施特劳斯之争"和"解释学与古今之争"发表过[载《武汉大学学报》2014年第4期;《德国哲学2013年卷》,社会科学文献出版社2014年版],并经过修改后收入拙著《理解之理解的向度——西方哲学解释学研究》(人民出版社2016年版),这次放入本书,编译者又做了一些修改和补充,以供读者参考。全书除了标明"译注"外,其他都是"原注","原注"中偶有编译者补注的部分用方括号"[ ]"括起来,以示区别。

本书中,施特劳斯致伽达默尔的信和"伽达默尔论施特劳斯:一次访谈"原文是英文,伽达默尔致施特劳斯的信以及他本人的《解释学与历史主义》原文是德文,译者分别以原语言译出,涉及德文的,同时参考过相应的英译。其中,《解释学与历史主义》编译者近30年前在武汉大学攻读博士学位期间就从英文译成了中文(邓晓芒教授校),后发表于严平先生主编的《伽达默尔集》(上海远东出版社2003年版),现在编译者根据《真理与方法》第4版(德文版)重译,并根据第5版(《著作集》版)校对,原注则采取了第4版和第5版(第5版新增加或补充的原注用方括号"[ ]"表示,这也是伽达默尔的做法)。

在翻译过程中,"关于《真理与方法》的通信",编译者参考过朱雁冰、何鸿澡先生的译文(载施特劳斯:《回归古典政治哲学——施特劳斯通信集》,华夏出版社2006年版,第403—419页)、"伽达默尔论施特劳斯"的"访谈参考过田立年先生的译文(同上书,第485—501页),"伽达默尔与历史主义"参考过洪汉鼎先生的译文(载伽达默尔:《解释学Ⅱ:真理与方法》,洪汉鼎译,商务印书馆2007年版,第469—516页),表达上多有吸收,在此致谢!另外,中国人民大学法学院的徐颖博士在美国留学期间为我查找相关资料,这方面廖晓伟博士也出了大力,文中出现的希腊文翻译得到过易刚博士的帮助,我的硕士研究生晏晓建帮我做过一些资料的核对工作,也在此一并致谢!

这项译事时断时续,前后加起来所花的时间不算少,虽然译者尽量做到认真细致,但由于自身学养的不足仍难免造成错讹,在此恳请读者、尤其是专家指正、赐教。

本书得到教育部人文社会科学研究项目(16YJA720002)的资助。

何卫平

2021 年 3 月 1 日

于武汉东湖森林公园新居

责任编辑:洪 琼

图书在版编目(CIP)数据

伽达默尔与施特劳斯之争/[德]汉斯-格奥尔格·伽达默尔,
　[德]列奥·施特劳斯 著;何卫平 编译. —北京:人民出版社,2022.9
(当代西方学术经典译丛)
ISBN 978－7－01－024800－4

Ⅰ.①伽…　Ⅱ.①汉…　②列…　③何…　Ⅲ.①伽达默尔(Gadamer,
　Hans-Georg 1900－2002)-哲学思想-研究　②施特劳斯(Strauss,
　Leo 1899－1973)-哲学思想-研究　Ⅳ.①B516.59 ②B712.59

中国版本图书馆 CIP 数据核字(2022)第 091950 号

伽达默尔与施特劳斯之争
GADAMOER YU SHITELAOSI ZHIZHENG

[德]汉斯-格奥尔格·伽达默尔　[德]列奥·施特劳斯　著
何卫平　编译

人民出版社 出版发行
(100706　北京市东城区隆福寺街 99 号)

北京汇林印务有限公司印刷　新华书店经销

2022 年 9 月第 1 版　2022 年 9 月北京第 1 次印刷
开本:710 毫米×1000 毫米 1/16　印张:11
字数:160 千字

ISBN 978－7－01－024800－4　定价:69.00 元

邮购地址 100706　北京市东城区隆福寺街 99 号
人民东方图书销售中心　电话 (010)65250042　65289539